医学と教育との連携で生まれた
グレーゾーンの子どもに対応した
算数ワーク　初級編1

横山浩之　監修／大森　修　編

明治図書

監修のことば……………………………………横山浩之
まえがき〜算数ワークは何をもたらすのか〜………大森 修

1 けいさん①　かずと　すうじ(1)　5までの　かず

1　かずと　すうじ(1)　5までの　かず①……………10
2　かずと　すうじ(1)　5までの　かず②……………11

2 けいさん②　かずと　すうじ(2)　10までの　かず

3　かずと　すうじ(2)　10までの　かず①……………12
4　かずと　すうじ(2)　10までの　かず②……………13
5　かずと　すうじ(2)　10までの　かず③……………14

3 けいさん③　いくつと　いくつ

6　いくつと　いくつ　5を　つくろう……………15
7　いくつと　いくつ　5を　わけよう……………16
8　いくつと　いくつ　10までの　かずを　つくろう①……17
9　いくつと　いくつ　10までの　かずを　つくろう②……18
10　いくつと　いくつ　10までの　かずを　わけよう①……19
11　いくつと　いくつ　10までの　かずを　わけよう②……20

4 けいさん④　たしざん

12　たしざん(1)　あわせて　いくつ①……………21
13　たしざん(1)　あわせて　いくつ②……………22
14　たしざん(1)　あわせて　いくつ③……………23
15　たしざん(2)　ふえると　いくつ①……………24
16　たしざん(2)　ふえると　いくつ②……………25
17　たしざん(3)……………26

5 けいさん⑤　ひきざん

18　ひきざん(1)　のこりは　いくつ①……………27
19　ひきざん(1)　のこりは　いくつ②……………28
20　ひきざん(2)　①……………29
21　ひきざん(2)　②……………30
22　ひきざん(3)　ちがいは　いくつ①……………31
23　ひきざん(3)　ちがいは　いくつ②……………32

| 6 | けいさん⑥　0の　ある　たしざんと　ひきざん |

　　24　0の　ある　たしざんと　ひきざん①······33
　　25　0の　ある　たしざんと　ひきざん②······34

| 7 | けいさん⑦　20までの　かず |

　　26　20までの　かず①······35
　　27　20までの　かず②······36
　　28　20までの　かず③······37
　　29　20までの　かず④······38
　　30　20までの　かず⑤······39
　　31　20までの　かず⑥······40

| 8 | けいさん⑧　くりあがりの　ある　たしざん |

　　32　くりあがりの　ある　たしざん⑴······41
　　33　くりあがりの　ある　たしざん⑵　①······42
　　34　くりあがりの　ある　たしざん⑵　②······43
　　35　くりあがりの　ある　たしざん⑶　①······44
　　36　くりあがりの　ある　たしざん⑶　②······45

　　37　くりあがりの　ある　たしざん⑶　③······46
　　38　くりあがりの　ある　たしざん⑶　④······47
　　39　くりあがりの　ある　たしざん⑶　⑤······48
　　40　くりあがりの　ある　たしざん⑶　⑥······49
　　41　くりあがりの　ある　たしざん⑷　①······50
　　42　くりあがりの　ある　たしざん⑷　②······51
　　43　くりあがりの　ある　たしざん⑷　③······52
　　44　くりあがりの　ある　たしざん⑷　④······53
　　45　くりあがりの　ある　たしざん⑷　⑤······54
　　46　くりあがりの　ある　たしざん⑷　⑥······55
　　47　くりあがりの　ある　たしざん⑸　①······56
　　48　くりあがりの　ある　たしざん⑸　②······57
　　49　くりあがりの　ある　たしざん⑸　③······58
　　50　くりあがりの　ある　たしざん⑸　④······59
　　51　くりあがりの　ある　たしざん⑸　⑤······60
　　52　くりあがりの　ある　たしざん⑸　⑥······61

| 9 | けいさん⑨　くりさがりの　ある　ひきざん |

　　53　くりさがりの　ある　ひきざん⑴······62
　　54　くりさがりの　ある　ひきざん⑵　①······63

55	くりさがりの　ある　ひきざん⑵　②	64
56	くりさがりの　ある　ひきざん⑵　③	65
57	くりさがりの　ある　ひきざん⑵　④	66
58	くりさがりの　ある　ひきざん⑵　⑤	67
59	くりさがりの　ある　ひきざん⑵　⑥	68
60	くりさがりの　ある　ひきざん⑶　①	69
61	くりさがりの　ある　ひきざん⑶　②	70
62	くりさがりの　ある　ひきざん⑶　③	71
63	くりさがりの　ある　ひきざん⑶　④	72
64	くりさがりの　ある　ひきざん⑶　⑤	73
65	くりさがりの　ある　ひきざん⑶　⑥	74
66	くりさがりの　ある　ひきざん⑷　①	75
67	くりさがりの　ある　ひきざん⑷　②	76
68	くりさがりの　ある　ひきざん⑷　③	77
69	くりさがりの　ある　ひきざん⑷　④	78
70	ひきざん　まとめ①	79
71	ひきざん　まとめ②	80
72	ひきざん　まとめ③	81
73	ひきざん　まとめ④	82
74	ひきざん　まとめ⑤	83
75	ひきざん　まとめ⑥	84

10　けいさん⑩　たしざん・ひきざん　まとめ

76	たしざん・ひきざん　まとめ①	85
77	たしざん・ひきざん　まとめ②	86
78	たしざん・ひきざん　まとめ③	87
79	たしざん・ひきざん　まとめ④	88
80	たしざん・ひきざん　まとめ⑤	89
81	たしざん・ひきざん　まとめ⑥	90
82	たしざん・ひきざん　まとめ⑦	91
83	たしざん・ひきざん　まとめ⑧	92
84	たしざん・ひきざん　まとめ⑨	93
85	たしざん・ひきざん　まとめ⑩	94

11　けいさん⑪　3つの　かずの　けいさん

86	3つの　かずの　けいさん⑴　①	95
87	3つの　かずの　けいさん⑴　②	96
88	3つの　かずの　けいさん⑴　③	97
89	3つの　かずの　けいさん⑵　①	98
90	3つの　かずの　けいさん⑵　②	99
91	3つの　かずの　けいさん⑵　③	100

12 けいさん⑫　100までの　かず

- 92　100までの　かず①　………………………… 101
- 93　100までの　かず②　………………………… 102
- 94　100までの　かず③　………………………… 103
- 95　100までの　かず④　………………………… 104
- 96　100までの　かず⑤　………………………… 105
- 97　100までの　かず⑥　………………………… 106

13 けいさん⑬　どんな　かずが　はいるかな

- 98　どんな　かずが　はいるかな①　…………… 107
- 99　どんな　かずが　はいるかな②　…………… 108
- 100　どんな　かずが　はいるかな③　…………… 109

14 ずけい①　ながさくらべ

- 101　ながさくらべ①　……………………………… 110
- 102　ながさくらべ②　……………………………… 111
- 103　ながさくらべ③　……………………………… 112
- 104　ながさくらべ④　……………………………… 113

15 ずけい②　いろいろな　かたち

- 105　いろいろな　かたち①　……………………… 114
- 106　いろいろな　かたち②　……………………… 115
- 107　いろいろな　かたち③　……………………… 116

16 ぶんしょうだい①　なんばんめ

- 108　なんばんめ①　………………………………… 117
- 109　なんばんめ②　………………………………… 118
- 110　なんばんめ③　………………………………… 119
- 111　なんばんめ④　………………………………… 120

17 ぶんしょうだい②　たすのかな　ひくのかな

- 112　たすのかな　ひくのかな①　………………… 121
- 113　たすのかな　ひくのかな②　………………… 122
- 114　たすのかな　ひくのかな③　………………… 123
- 115　たすのかな　ひくのかな④　………………… 124
- 116　たすのかな　ひくのかな⑤　………………… 125
- 117　たすのかな　ひくのかな⑥　………………… 126

監修のことば

大森修先生のグループとの共作である『グレーゾーンの子どもに対応した作文ワーク』に引き続く第2弾が，この算数ワークである。

アメリカ精神医学会によれば，学習障害は，次のように分類される。

・読み障害
・書き障害
・算数障害

つまり，算数は，別格の扱いなのだ。逆に言えば，なぜか算数だけができない子どもが，たくさんいることを示している。

ところが，算数に関しては，現時点では，神経心理学的な切り口から，攻めることはむずかしい。

『グレーゾーンの子どもに対応した作文ワーク』の監修のことばに，およそ「作文」とは関係がなさそうにみえる，こむずかしい解説があったのを覚えていらっしゃる先生もいらっしゃるだろう。あのような「理屈」がないのだ。

では，医師である私には，算数障害に立ちむかえる手段はないのか。決してそんなことはない。医療は，理論が先に立って，方略を考えることもあれば，逆に，たくさんの経験を元に，方略を考えることもある。

今回は，私の経験で，このワークブックを作らせていただいた。この経験とは，

> 算数ができないという子どもは，90％以上，数の固まりの操作ができない

という観察である。

ええっ！　と驚く教師の方々も多いだろう。気持ちはよくわかる。なぜなら，算数ができないことに気がつくポイントは実に様々だからだ。

> 大きな数がわからない。
> 時計が読めない。
> かけ算ができない。
> わり算ができない。
> 分数がわからない。
> 小数がわからない。
> 足し算と引き算の立式が区別できない。
> かけ算と足し算の立式が区別できない。
> かけ算とわり算の立式が区別できない。

dℓとℓの量関係がわからない。
cmとmとの量関係がわからない。
kgとgとの量関係がわからない。
　　　　…
　　　　…

　これらは，実は，根本は同じである。
　「数の固まりの操作」という一項で，まとめられるのだ。
　そして，この項目を，主たる目標として大々的に扱う単元が，教科書の中で，たった１項目しかないことに，私は逆に驚嘆した。
　その単元とは，「繰り上がりの足し算」である。

　我々の生活の中で，もっとも基本的な数の固まりは，「10」である。我々は，十進法を使用しているからだ。
　向山洋一氏は，１～９と10とを分けて扱うことを，常々，主張なされている。
　我が意を得たりと思った。なぜなら，私も，同じ経験を何度もしているからだ。できない子は，10，11，12，13…と数が増えるごとに，新しい文字が増えると勘違いをすることがある。例えば，16なら，偏が１，旁が６という字があるのだと考えるのだ。これでは，たまらない。扱う数が増えるたびに，新しい漢字を覚えるようなものだ。
　ここに，悪魔のような指導法が存在していることを告白せねばならない。悪魔のような指導法とは，例えば，「暗記カード」である。英単語のように，繰り上がりの足し算を「暗記」で覚えさせるカードである。

　確かに，暗記させれば，とりあえず，答えは出るようになる。しかし，肝心かなめの，10の１の意味は，理解させられない。暗記させたのでは，中身の理解（解釈）はない。解釈がないので，先に進めることはできない。ましてや，問題解決のレベルで学習させることができないのだ。
　10の固まりを，問題解決のレベルで学習させることができれば，先に掲げた「大きな数がわからない」「時計が読めない」…といった問題は，一切生じない。そのためには，繰り上がりの足し算を，解釈のレベルで，たくさん練習させればよい。このことは，教科書にある「さくらんぼの足し算」を，練習させることだ。その上で，数の固まりを理解したことを基盤として，指導する手法を選択すればよい。
　既存のワークブックでは，数の固まりを理解したことを基盤とせずに教える「優しい」教え方が蔓延している。この「優しい」教え方が，軽度発達障害をもちながらも，「数の固まりを理解した」子どもたちに，逆に混乱を招くのだ。
　軽度発達障害をもつ子どもたちは，作業記憶に乏しい。よって，易しいことであっても，たくさん説明されると，理解できなくなる。上述の「優しい」教え方は，まさに，「小さな親切・大きなお世話」なのだ。
　このことが，次の指導方針を生んだ。

単元指導の系統性

である。
　「ある単元の指導で用いられた手法は，その発展となる単元で，必

ず，用いる」という手法である。子どもたちは，やり方がわかっているから，教えられずとも自然にわかるという仕組みである。

　「ある単元の指導で，確実に理解させたことは，復習した上で，できるものとして扱う」という仕組みでもある。

　意外なことに，私が知る範囲で，この点に着目されて作成されたワークブックは，存在しない。

　軽度発達障害の子どもたちは，能力的な限界がある。最低限の部分だけを，最短距離で走り抜けなければ，息切れしてしまう。学力不振に陥るということだ。

　この手法を開発してから，私は，"努力し続けている"軽度発達障害の子どもたちを，学習不振に陥らせずに，無事に育むことができるようになった。おおよそ平成8〜10年ごろだ。

　当時，私が診ていた子どもたちは，すでに中・高校生になっている。学習障害の病名とは裏腹に，進学校で優秀な成績を修め，生徒会や部活動でリーダーシップをとっている子どももいる。少なくとも，"努力し続けている"軽度発達障害の子どもたちが，社会に適応できないレベルの成績に陥ることはない。おおざっぱに言えば，"落ちこぼれない"ですむ。

　この算数ワークは，私が育てきれなかった子どもたちの所産だとも言える。私が未熟で，育むことができなかった子どもへの懺悔と言い換えてもよい。この文章を読んでいる方々は，この意味で幸せだとも言える。私が育てきれなかった子どもの失敗をしなくてすむのだから。

　最後に，ひとつだけ。

　「生活習慣」を重要視していない保護者や教師は，この算数ワークによって，己の愚かさと間違いを，いやというほど，知らし示されることだろう。その理由は，拙著『軽度発達障害の臨床』（診断と治療社）にすでに著した。「子育ての智慧」は，何より大切なのだ。老婆心ながら，最後にこのことを記しておきたい。

横　山　浩　之

まえがき
算数ワークは何をもたらすのか

　『グレーゾーンの子どもに対応した算数ワーク』は、『グレーゾーンの子どもに対応した作文ワーク』の姉妹編である。作文ワーク同様、できあがるまでに2年間を要した。

　算数ワークができあがるまでの過程は、作文ワークと実によく似ている。試作ワークは、監修者の横山浩之氏から手厳しい指摘をいただくことになった。要するに「使い物にならない」である。

　横山氏には、臨床の場での自作ワーク作成体験がある。どのようなワークが子どもに優しいワークなのかを体験的に知っている。しかし、作成者には分からない。

　作文ワーク作成過程で、障害についての理解と指導法を学んだはずであった。

　そうなのだ、「はずだった」のである。

　ところが、教科が異なれば指導原理は同じでも指導法はかならずしも同じにはならない。ましてや、指導内容も教科書準拠ときている。

　作成しては、だめ。また、作成しては、だめ。この連続がいつまで続くのか。終わりがないのではないのか。このように思われる日々であった。

　それでも、私たち作成者がワークを作成し続けられたのには、理由がある。

(1)　横山浩之氏の強烈な意志である。グレーゾーンの子どもに学ぶ喜びを体験させ、力を付け、就労に結び付けたいという意志である。できる可能性があるのに投げ捨てられているような状態の子どもを助けたいという強烈な意志である。

(2)　教師として、助ける方法があるにもかかわらず、ワークがないために放置せざるを得ないような状態で悪戦苦闘している多くの良識ある教師を援助することができる。このことによって、子どもを救うことができることに取り組んでいるのだということが教師魂に灯をつけたのである。

　そして、2年間が過ぎた。

　算数ワークは、ようやくにして、子どもに届けられるところまできた。

　横山氏の算数ワーク検討会を目撃した教師は、横山氏の気迫と共に作成者の真摯な態度や構えに感動されたようである。

　今回もまた、作文ワークの作成と同様に、作成者が受けた恩恵には計り知れないものがある。算数という教科をより深く、学ぶことができた。算数を子どもに教えるということの意味と指導法を学ぶことができたのである。

　このような機会を与えていただいた横山浩之氏と樋口雅子編集長に心から感謝をしている。

　何よりも、この算数ワークがグレーゾーンの子どもに算数を学ぶことの喜びと算数の力をもたらすことができるかもしれないという予感が、作成の苦しみや苦労を吹き飛ばしてくれた。

平成17年5月　算数ワーク完成の日

編集者　大森　修

1 かずと すうじ⑴ 5までの かず①

☆かぞえながら ○を ぬりましょう。

いち
1
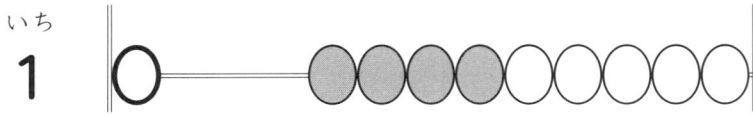

に
2
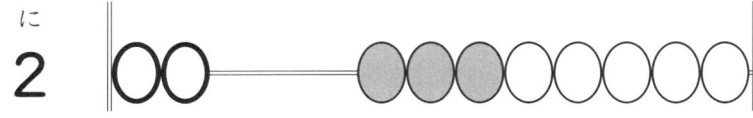

さん
3
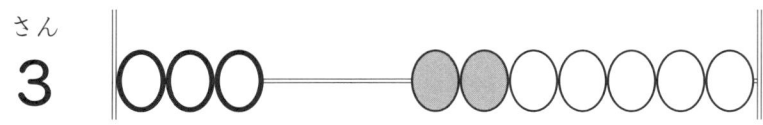

し（よん）
4

ご
5

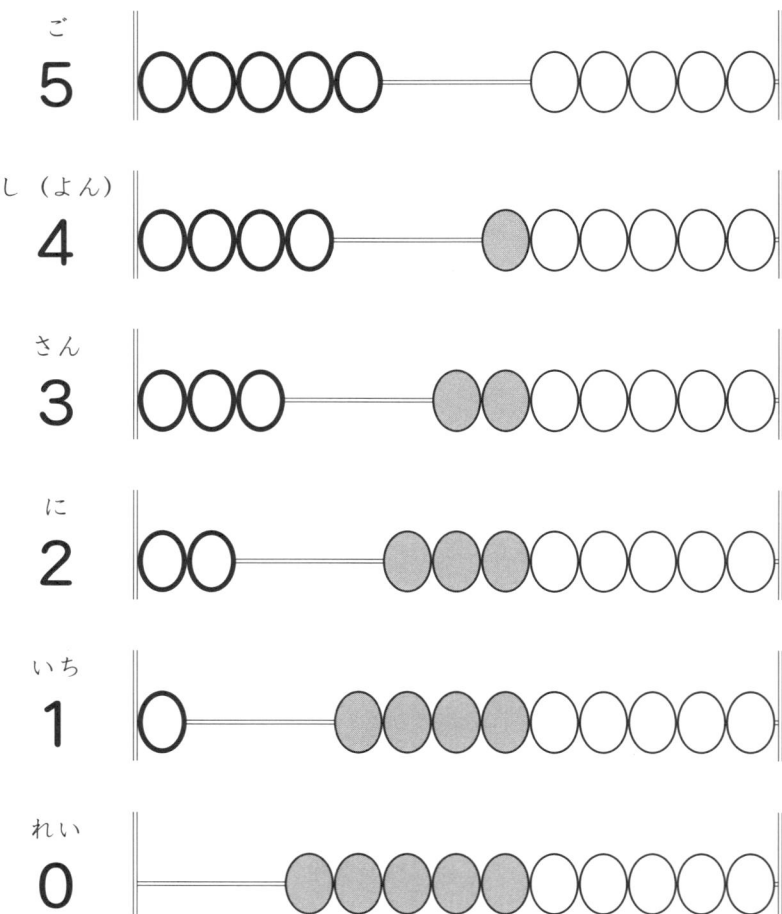

★おわったら やって みよう
こえに だして よみましょう。

2 かずと すうじ(1) 5までの かず②

1 けいさん① かずと すうじ(1) 5までの かず

べんきょうした 日　月　日　　なまえ　　　くみ　ばん

なぞりましょう。

1	2	3	4	5
1	2	3	4	5

うつしましょう。

なぞりましょう。

5	4	3	2	1	0
5	4	3	2	1	0

うつしましょう。

★おわったら やって みよう
いちごに いろを ぬりましょう。

3 かずと すうじ⑵ 10までの かず①

2 けいさん② かずと すうじ⑵ 10までの かず

☆かぞえながら ◯を ぬりましょう。

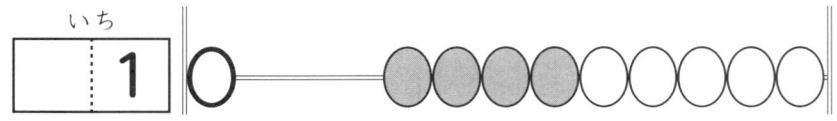

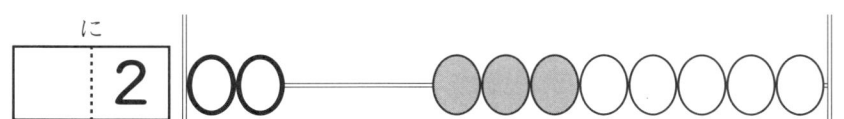

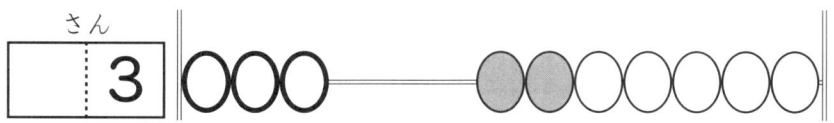

★おわったら やって みよう
こえに だして よみましょう。

4 かずと すうじ(2) 10までの かず②

2 けいさん② かずと すうじ(2) 10までの かず

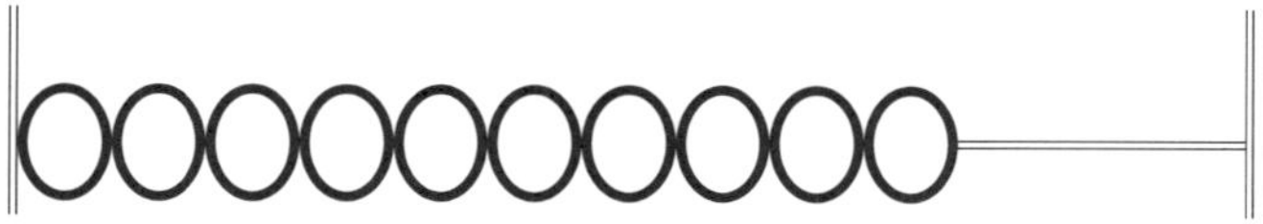

☆かぞえながら ◯を ぬりましょう。

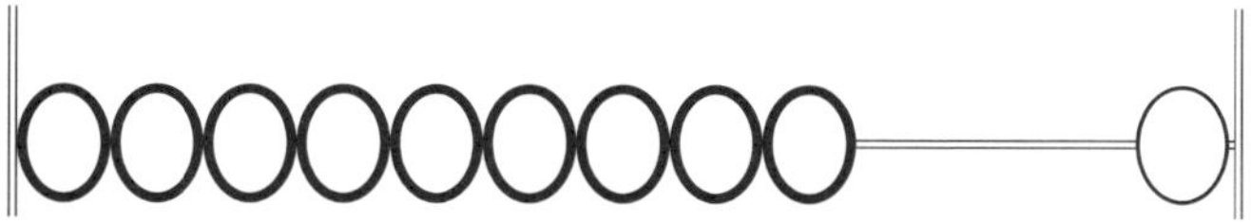

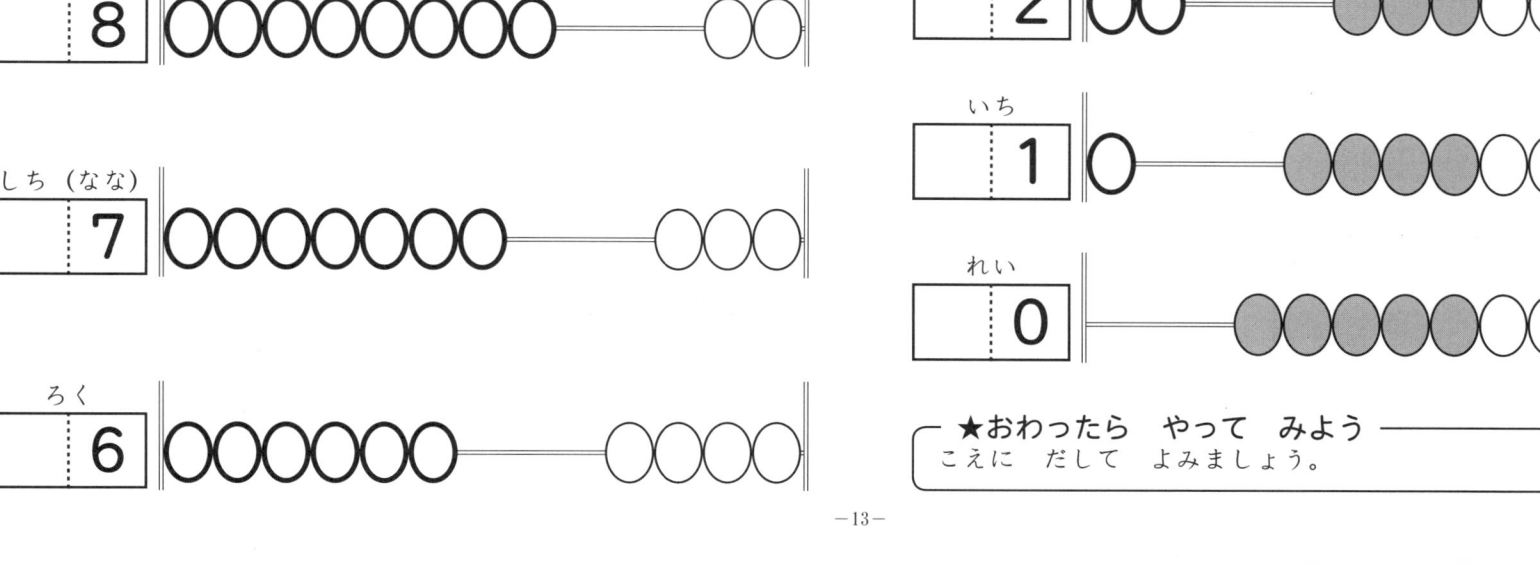

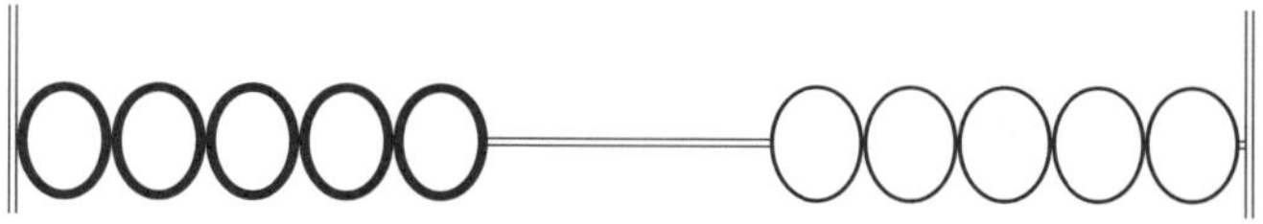

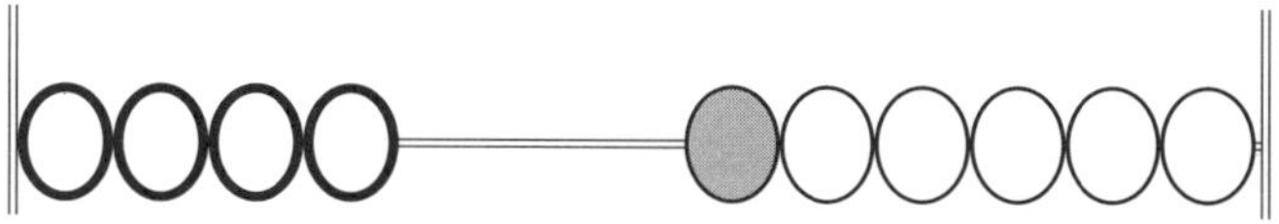

★おわったら やって みよう
こえに だして よみましょう。

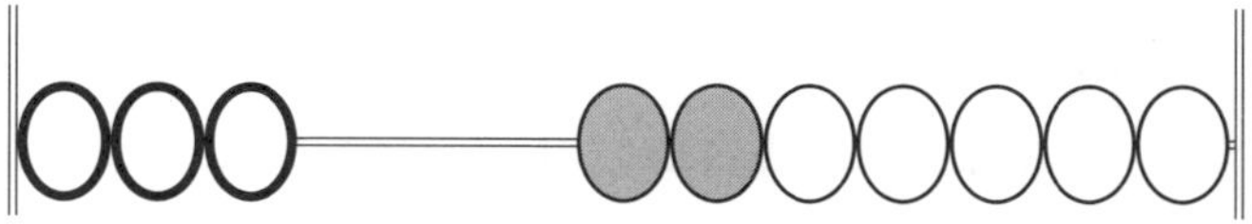

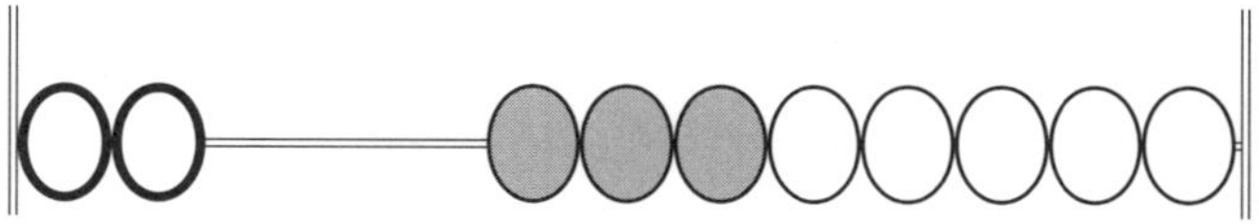

5　かずと　すうじ(2)　10までの　かず③

2　けいさん②　かずと　すうじ(2)　10までの　かず

べんきょうした日　月　日　なまえ　くみ　ばん

なぞりましょう。

| 6 | 7 | 8 | 9 | 10 |

| 6 | 7 | 8 | 9 | 10 |

うつしましょう。

なぞりましょう。

| 10 | 9 | 8 | 7 | 6 |

| 10 | 9 | 8 | 7 | 6 |

うつしましょう。

★おわったら　やって　みよう
こえに　だして　よみましょう。

6

3 けいさん③ いくつと いくつ

いくつと いくつ　5を つくろう

べんきょうした 日　月　日
なまえ　　　　　くみ　ばん

① じを なぞりましょう。
☆5を つくりましょう。

1と4で　5

2と3で　5

3と2で　5

4と1で　5

5と0で　5

② □に すうじを いれましょう。

□と□で　5

□と□で　5

□と□で　5

□と□で　5

□と□で　5

★おわったら やって みよう
こえに だして よみましょう。

7　3 けいさん③ いくつと いくつ
いくつと いくつ　5を わけよう

べんきょうした 日　月　日　　なまえ　　くみ　ばん

① じを なぞりましょう。
　☆5を わけましょう。

　5は　1と4

　5は　2と3

　5は　3と2

　5は　4と1

　5は　5と0

② □に すうじを いれましょう。

　□は　□と□

　□は　□と□

　□は　□と□

　□は　□と□

　□は　□と0

★おわったら やって みよう
こえに だして よみましょう。

8

3 けいさん③ いくつと いくつ

いくつと いくつ　10までの かずを つくろう①

べんきょうした 日　なまえ　くみ　ばん
月　日

① じを なぞりましょう。
☆ ◯を ぬりましょう。

5と1で □6
5と2で □7
5と3で □8
5と4で □9
5と5で □10

② □に すうじを いれましょう。

5と □ で □
5と □ で □
5と □ で □
5と □ で □
5と □ で □10

★おわったら やって みよう
こえに だして よみましょう。

-17-

9 いくつと いくつ　10までの かずを つくろう②

3 けいさん③ いくつと いくつ

べんきょうした 日　月　日　なまえ　　くみ　ばん

① じを なぞりましょう。
☆ ◯を ぬりましょう。

5 と 5 で | 1 | 0 |

5 と 4 で | | 9 |

5 と 3 で | | 8 |

5 と 2 で | | 7 |

5 と 1 で | | 6 |

② □に すうじを いれましょう。

5 と □ で □

5 と □ で □

5 と □ で □

5 と □ で □

5 と □ で □

★おわったら やって みよう
こえに だして よみましょう。

10　3　けいさん③　いくつと いくつ
いくつと いくつ　10までの かずを わけよう①

べんきょうした日　月　日　　なまえ　　くみ　ばん

1　じを なぞりましょう。

- 6 は 5 と 1
- 7 は 5 と 2
- 8 は 5 と 3
- 9 は 5 と 4
- 10 は 5 と 5

2　□に すうじを いれましょう。

- □ は □ と □
- □ は □ と □
- □ は □ と □
- □ は □ と □
- □ は □ と □

★おわったら やって みよう
こえに だして よみましょう。

11 いくつと いくつ 10までの かずを わけよう②

3 けいさん③ いくつと いくつ

べんきょうした日　月　日　なまえ　くみ　ばん

① じを なぞりましょう。

- |1|0| は5と5
- | |9| は5と4
- | |8| は5と3
- | |7| は5と2
- | |6| は5と1

② □に すうじを いれましょう。

- □ は □ と □
- □ は □ と □
- □ は □ と □
- □ は □ と □
- □ は □ と □

★おわったら やって みよう
こえに だして よみましょう。

12　たしざん(1)　あわせて いくつ①

4　けいさん④　たしざん

1　なぞりましょう。

 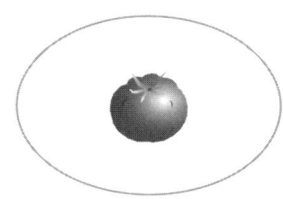

2こ と 1こ あわせて 3こ

3こ と 2こ あわせて □ こ

4ほんと 3ぼん あわせて □

2　あわせて，なんこに なるでしょう。

しき　2 ＋ 1 ＝ 3
　　「 2　たす　1　は　3 」
　　　　こたえ　　3こ

3　あわせて，なんこに なるでしょう。

しき　3 ＋ 2 ＝ □

こたえ　□ こ

4　あわせて，なんぼんに なるでしょう。

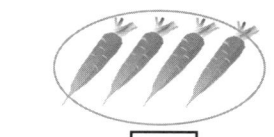 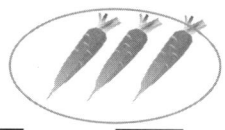

しき　□ ＋ □ ＝ □

こたえ　□

★おわったら やって みよう
こえに だして よみましょう。

13 たしざん(1) あわせて いくつ②

4 けいさん④ たしざん

1 なぞりましょう。

 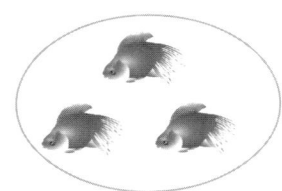

1ぴき と 3びき ぜんぶで 4ひき

 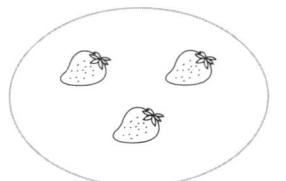

2こ と 3こ ぜんぶで ☐ こ

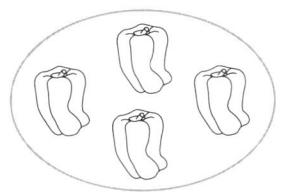 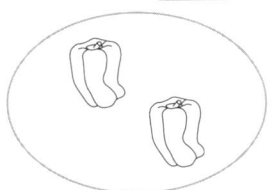

4こ と 2こ ぜんぶで ☐

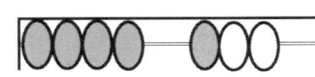

4 と 3 ぜんぶで 7

2 ぜんぶで, なんびきに なるでしょう。

 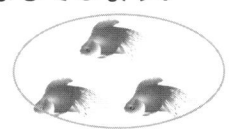

しき　1 + 3 = 4

こたえ　4ひき

3 ぜんぶで, なんこに なるでしょう。

しき　2 + 3 = ☐

こたえ　☐  こ

4 ぜんぶで, なんこに なるでしょう。

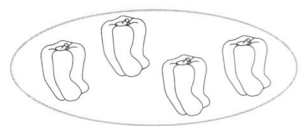 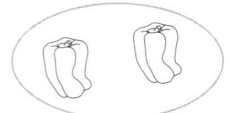

しき　☐ + ☐ = ☐

こたえ　☐

★おわったら やって みよう
こえに だして よみましょう。

14 たしざん(1) あわせて いくつ③

4 けいさん④ たしざん

1 なぞりましょう。

3わ と 4わ みんなで 7わ

5わ と 3わ みんなで □ わ

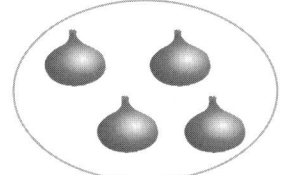 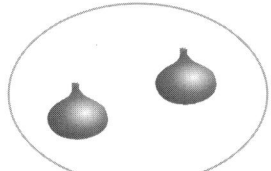

4こ と 2こ みんなで 6こ

5 と 4 みんなで 9

☆ひゃくだまそろばんで、たしかめましょう。

2 みんなで、なんわに なるでしょう。

しき　3 + □ = □

こたえ　□ わ

3 みんなで、なんわに なるでしょう。

しき　□ + □ = □

こたえ　□

4 みんなで、なんこに なるでしょう。

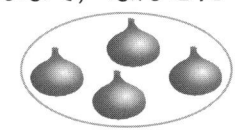 

しき　□ + □ = □

こたえ　□

★おわったら やって みよう
こえに だして よみましょう。

15 4 けいさん④ たしざん
たしざん⑵ ふえると いくつ①

1 なぞりましょう。

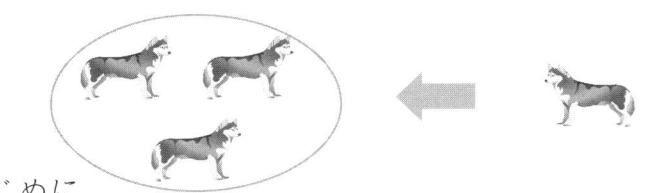

はじめに

3びき　1ぴき ふえると 4ひき

はじめに

4わ　　2わ ふえると □わ

はじめに

□にん　□にん ふえると □にん

2 ふえると，なんびきに なるでしょう。

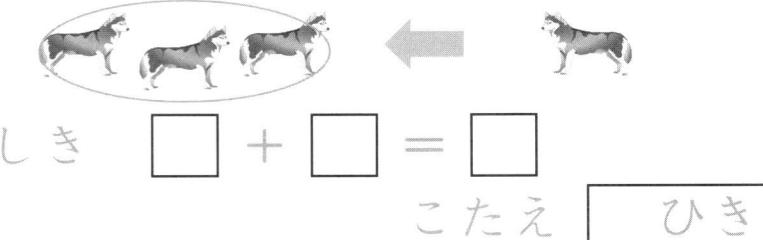

しき　□ + □ = □

こたえ　□ひき

3 ふえると，なんわに なるでしょう。

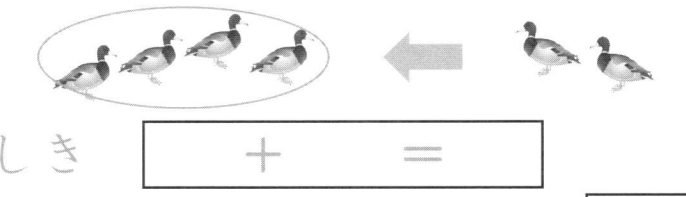

しき　□ + □ = □

こたえ　□

4 ふえると，なんにんに なるでしょう。

しき　□

こたえ　□

★おわったら やって みよう
こえに だして よみましょう。

16 4 けいさん④ たしざん
たしざん(2) ふえると いくつ②

1 なぞりましょう。

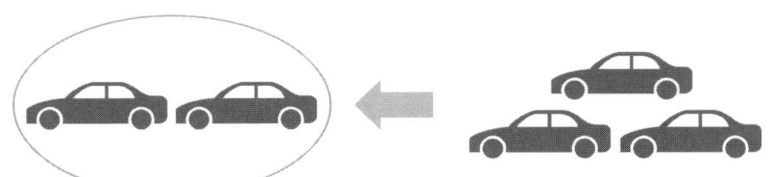

はじめに
□ だい　□ だい くると　□ だい

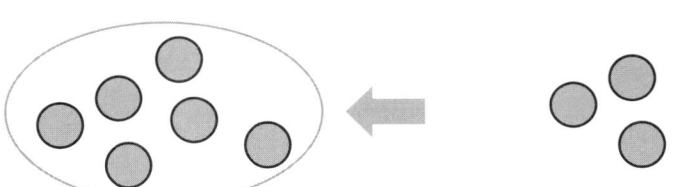

はじめに
□ こ　□ こ もらうと　□ こ

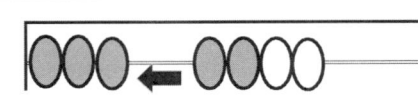

はじめに
□　4 ふえると　□

2 3だい くると, なんだいに なるでしょう。

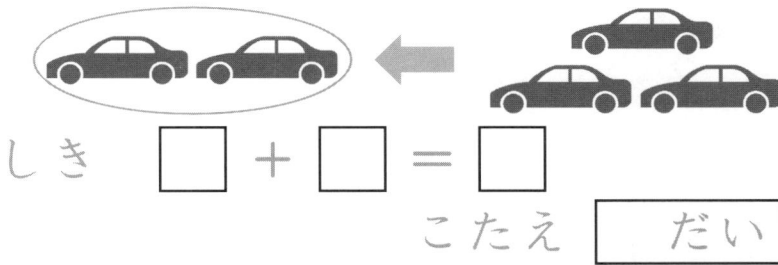

しき □ + □ = □

こたえ □ だい

3 3こ もらうと, なんこに なるでしょう。

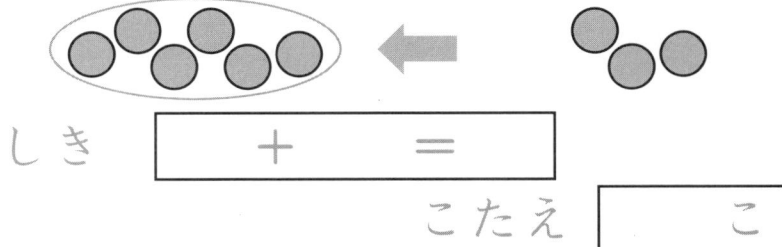

しき □ + □ = □

こたえ □ こ

4 4 ふえると, いくつでしょう。

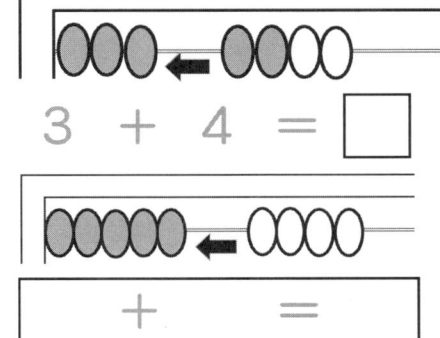

3 + 4 = □

□ + □ = □

★おわったら やって みよう
なぞった ところを こえに だして よみ ましょう。

17 4 けいさん④ たしざん
たしざん(3)

1 なぞりましょう。□に すうじを かきましょう。

2 と 1 あわせて 3
2 ＋ 1 ＝ 3

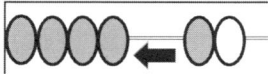

4 と 2 あわせて □
4 ＋ 2 ＝ 6

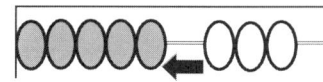

5 と □ あわせて □
□ ＋ □ ＝ □

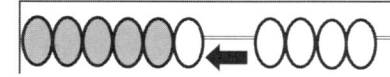

6 と 4 あわせて 1 0
□ ＋ □ ＝ □

2 けいさんしましょう。

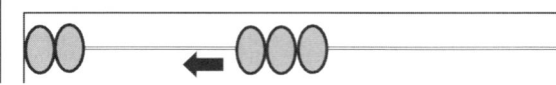

2 ＋ 3 ＝ □

4 ＋ 3 ＝ □

6 ＋ 2 ＝ □

5 ＋ 5 ＝ 1 0

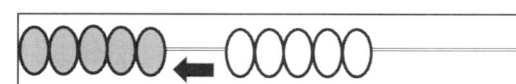

7 ＋ 3 ＝ □

★おわったら やって みよう
こえに だして よみましょう。

18 ひきざん⑴ のこりは いくつ①

5 けいさん⑤ ひきざん

① なぞりましょう。

はじめに 3びき

「1ぴき かくしてごらんなさい。」

のこりは, 2ひき

はじめに 4わ

「2わ かくしてごらんなさい。」

  のこりは, □わ

② 1ぴき いくと, のこりは, なんびきに なるでしょう。

「1ぴき かくして」

しき 3 − 1 = 2
「 3 ひく 1 は 2 」

こたえ 2ひき

③ 2わ かえると, のこりは, なんわに なるでしょう。

「2わ かくして」

しき 4 − 2 = □
「 4 ひく 2 は 2 」

こたえ □わ

★おわったら やって みよう
て 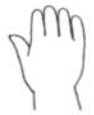  に いろを ぬろう。

19 ひきざん(1) のこりは いくつ②

5 けいさん⑤ ひきざん

① 3だい いくと，のこりは，なんだいでしょう。

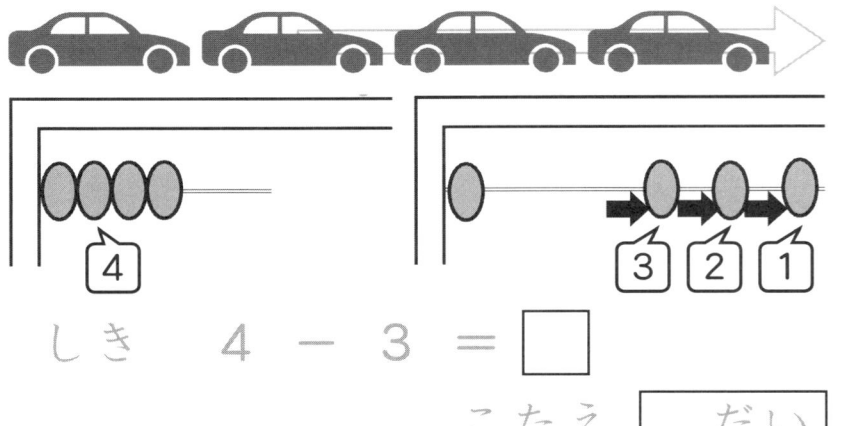

しき　4 － 3 ＝ □

こたえ　□ だい

② 3びき かえると，のこりは，なんびきでしょう。

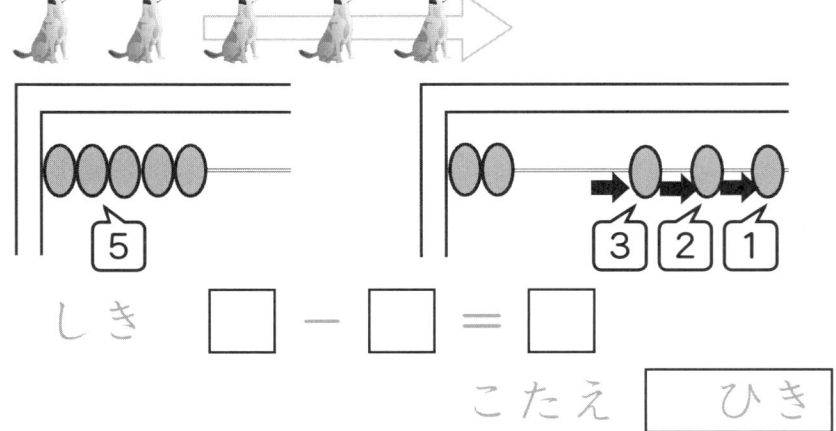

しき　□ － □ ＝ □

こたえ　□ ひき

③ 2だい いくと，のこりは，なんだいでしょう。

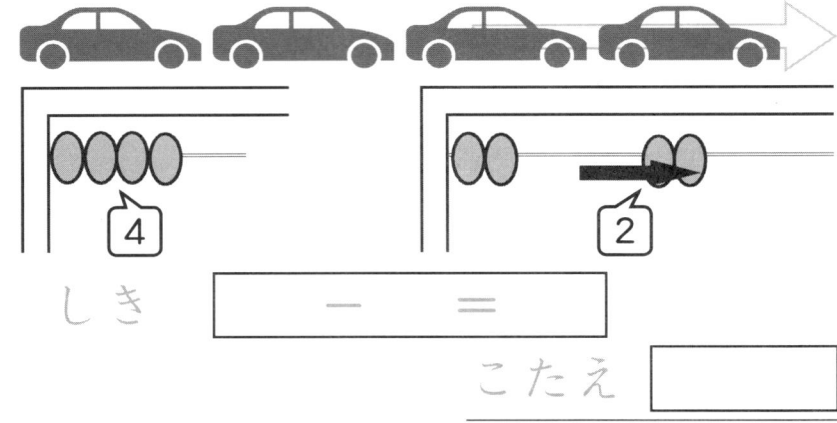

しき　□ － □ ＝ □

こたえ　□

④ 2ひき とると，のこりは，なんびきでしょう。

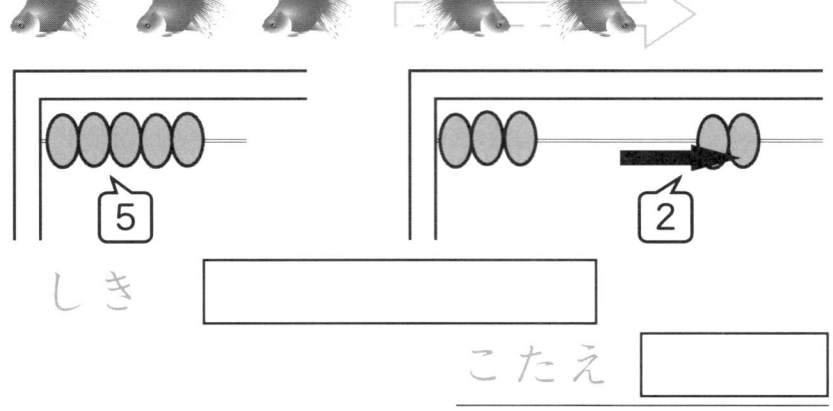

しき　□

こたえ　□

★おわったら やって みよう
しきと こたえを こえに だして よみましょう。

20 ひきざん(2) ①

5 けいさん⑤ ひきざん

べんきょうした 日　月　日　　なまえ　　くみ　ばん

☆けいさんしましょう。

5 － 2 ＝ 3

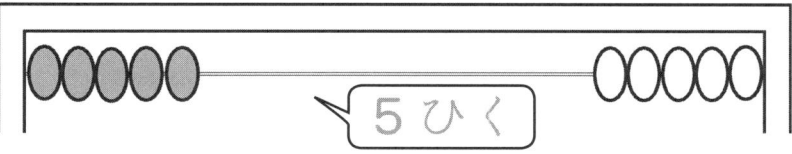

5 － 3 ＝ ☐

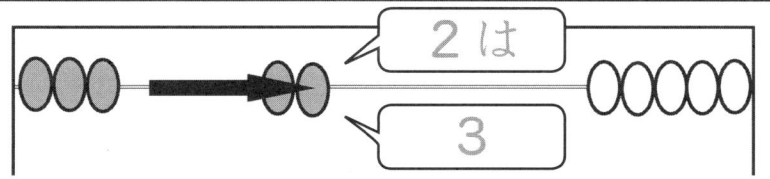

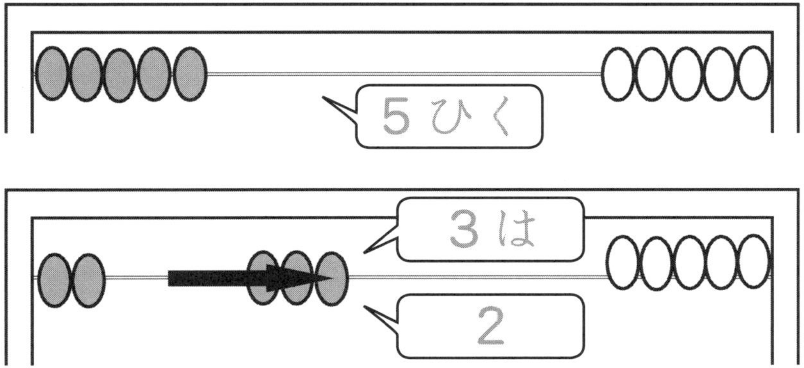

5 － 1 ＝ ☐

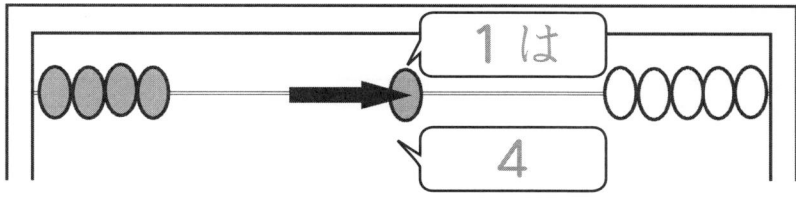

5 － 4 ＝ ☐

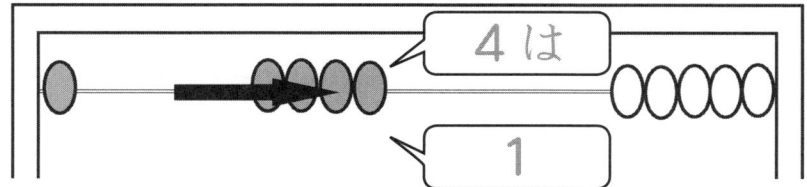

★おわったら やって みよう
こえに だして よみましょう。

21 5 けいさん⑤ ひきざん
ひきざん(2) ②

☆けいさんしましょう。

6 － 2 = 4

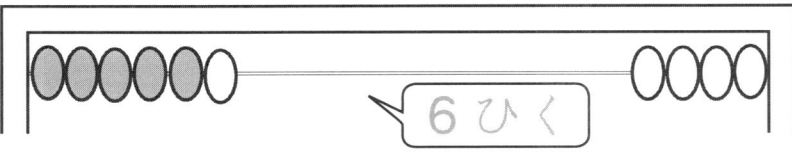

6 － 3 = ☐

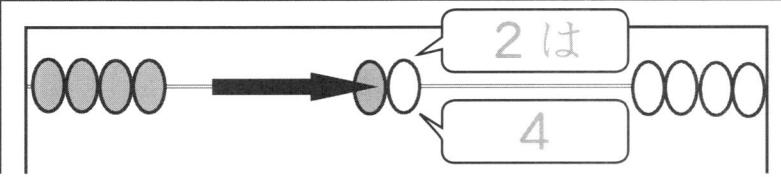

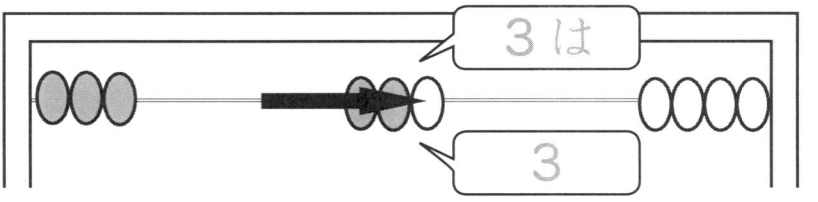

7 － 2 = ☐

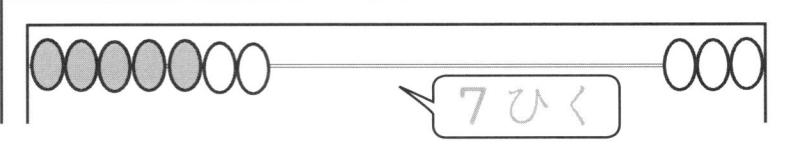

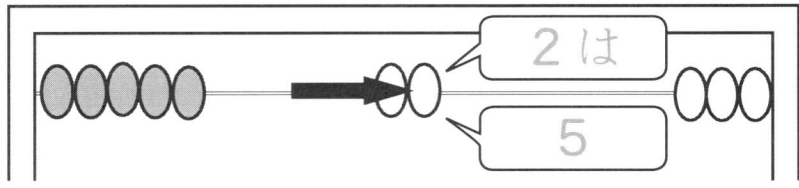

8 － 2 = ☐

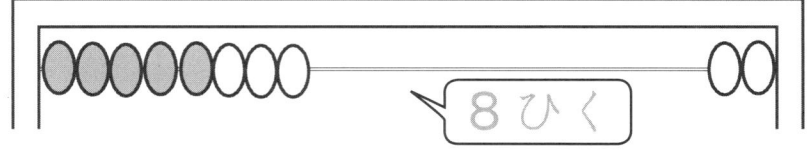

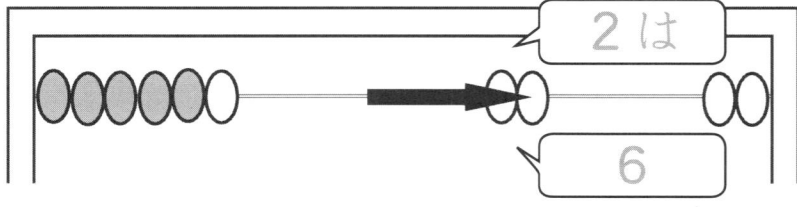

★おわったら やって みよう
こえに だして よみましょう。

22 ひきざん⑶　ちがいは　いくつ①

5　けいさん⑤　ひきざん

1　いぬの　ほうが，なんびき　おおいでしょう。

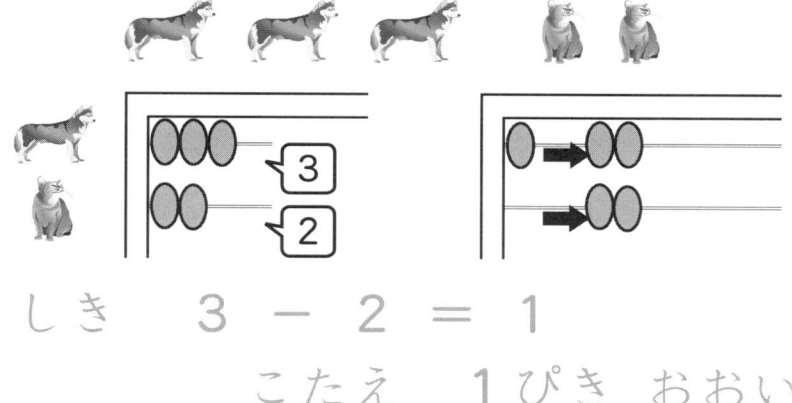

しき　3 − 2 = 1

こたえ　1ぴき　おおい

2　あひるの　ほうが，なんわ　おおいでしょう。

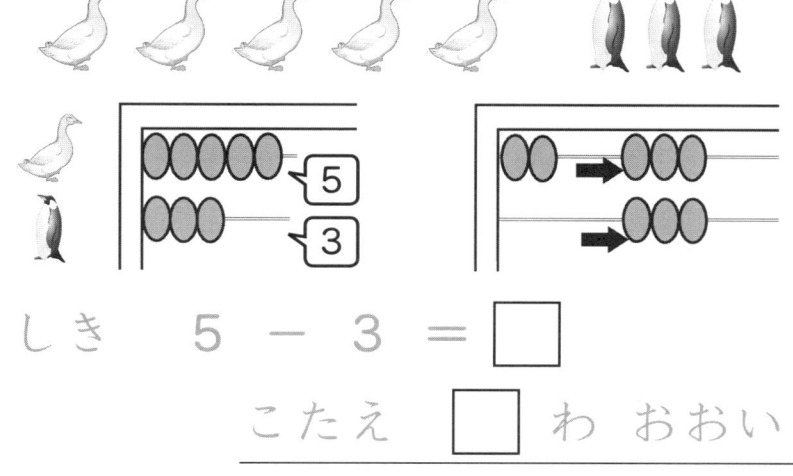

しき　5 − 3 = □

こたえ　□わ　おおい

3　おとこのこの　ほうが，なんにん　おおいでしょう。

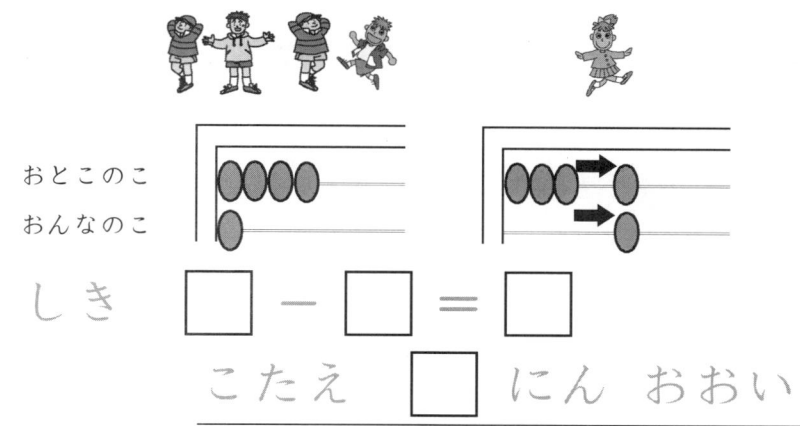

しき　□ − □ = □

こたえ　□にん　おおい

4　バスの　ほうが，なんだい　おおいでしょう。

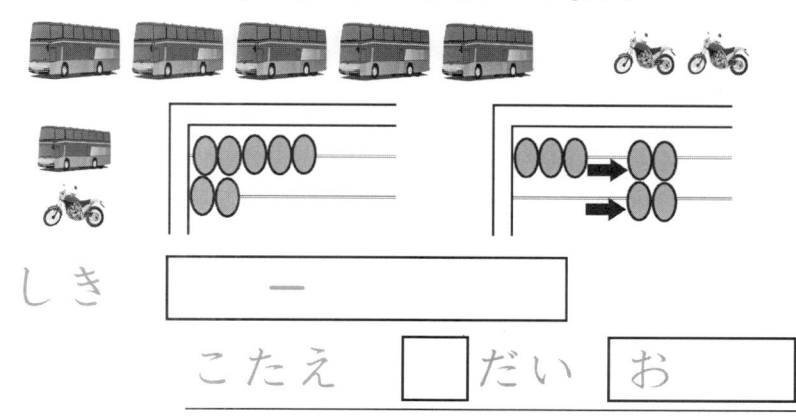

しき　□ − □

こたえ　□だい　お

★おわったら　やって　みよう
しきと　こたえを　こえに　だして　よみましょう。

23 ひきざん⑶ ちがいは いくつ②

5 けいさん⑤ ひきざん

① いぬと，ねこの ちがいは，なんびきでしょう。

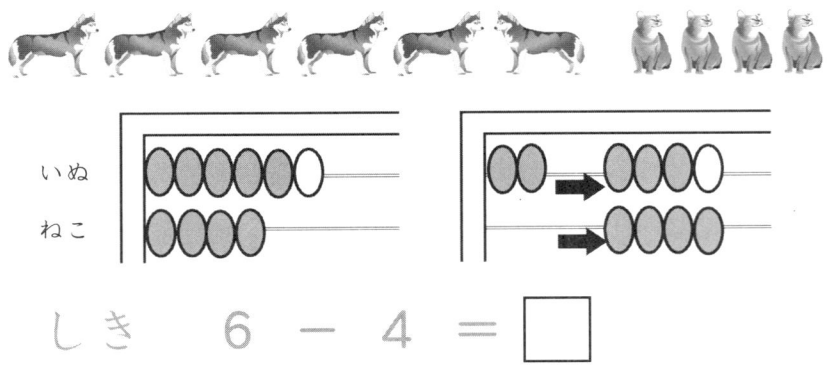

しき　6 － 4 ＝ □

こたえ　□ ひき

② トラックと，くるまの ちがいは，なんだいでしょう。

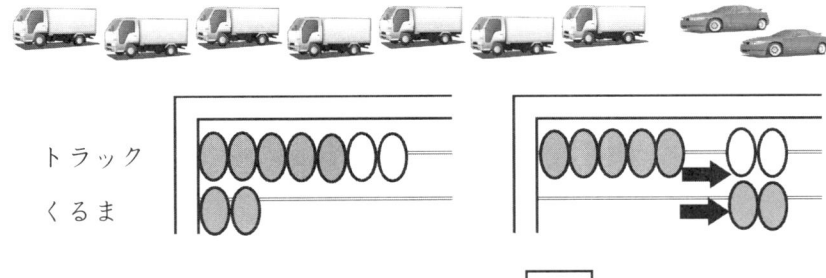

しき　7 － 2 ＝ □

こたえ　□ だい

③ おとこのこと，おんなのこの ちがいは，なんにんでしょう。

しき　□ － □ ＝ □

こたえ　□ にん

④ バスと，バイクの ちがいは，なんだいでしょう。

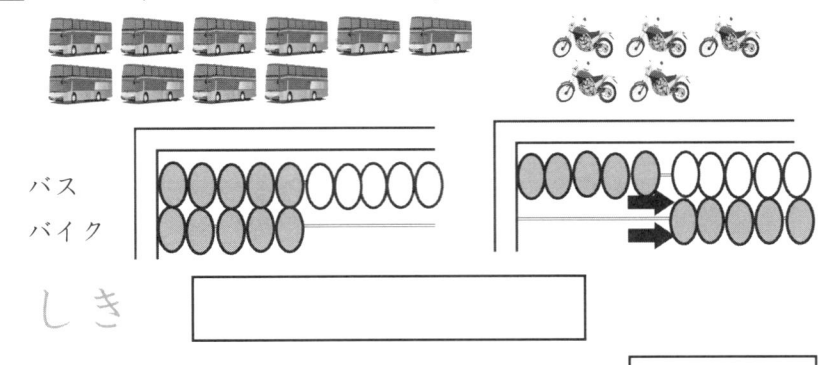

しき　□

こたえ　□ だい

★おわったら やって みよう
しきと こたえを こえに だして よみましょう。

24

6 けいさん⑥ 0の ある たしざんと ひきざん

0の ある たしざんと ひきざん①

べんきょうした 日　月　日　なまえ　くみ　ばん

☆けいさんしましょう。

$3 + 0 = 3$

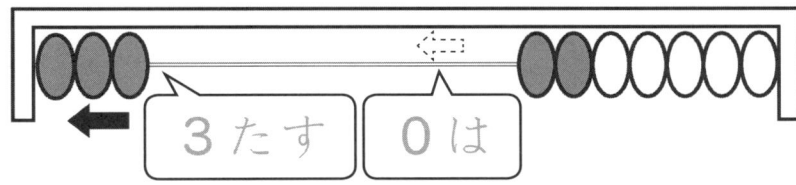

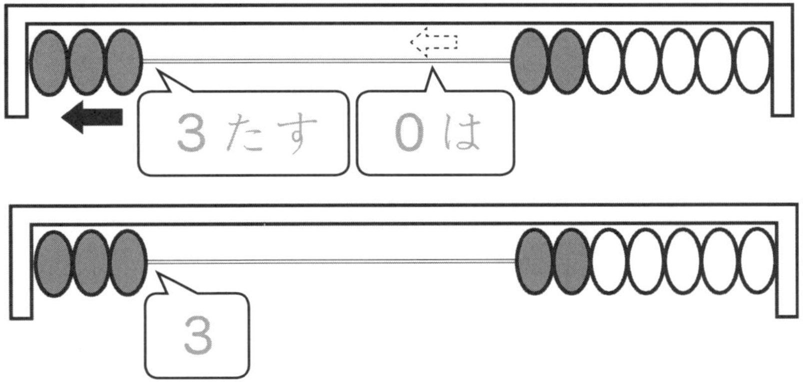

$5 + 0 = 5$

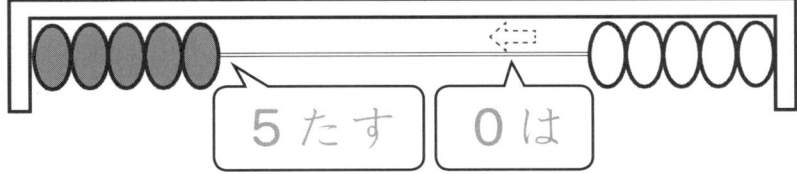

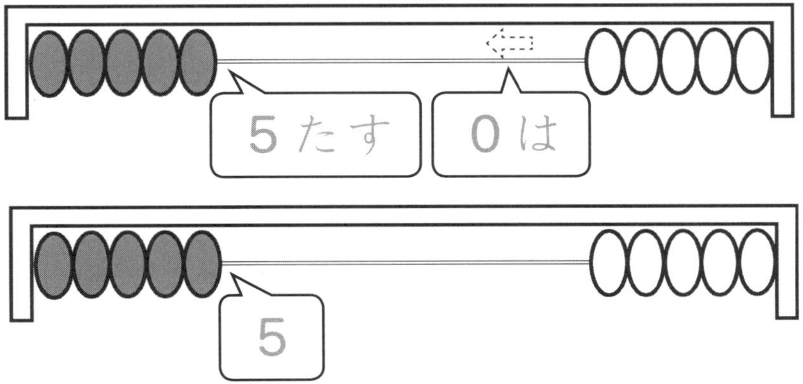

$0 + 2 = 2$

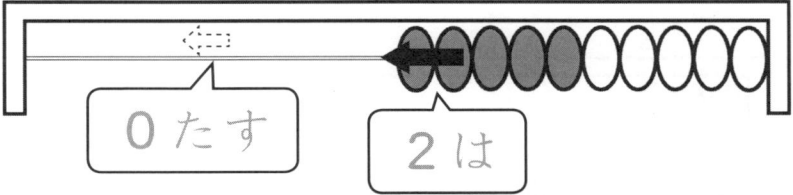

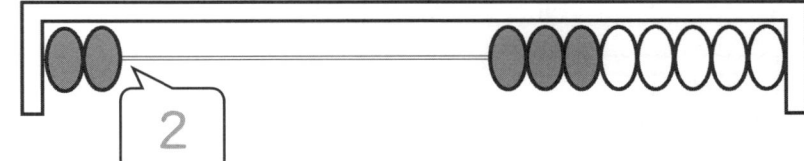

$0 + 7 = 7$

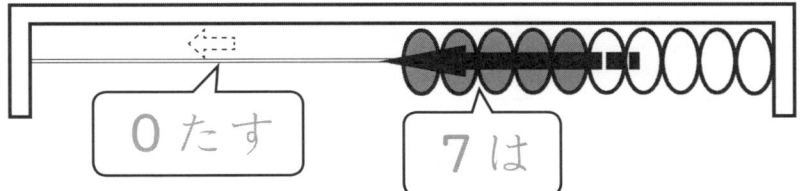

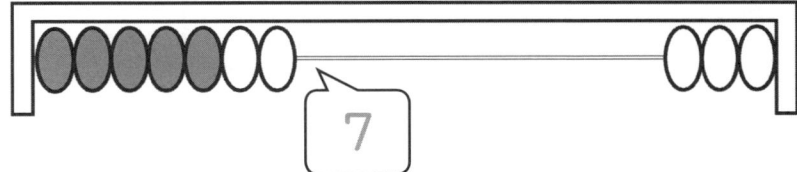

★おわったら やって みよう
なぞった ところを こえに だして よみましょう。

25　0の　ある　たしざんと　ひきざん②

6　けいさん⑥　0の　ある　たしざんと　ひきざん

☆けいさんしましょう。

$3-0=3$

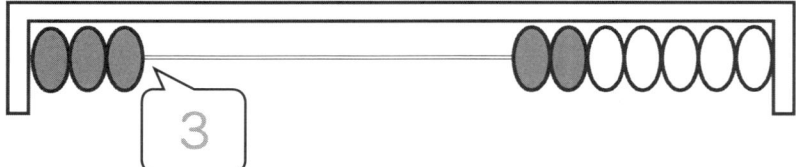

$5-0=5$

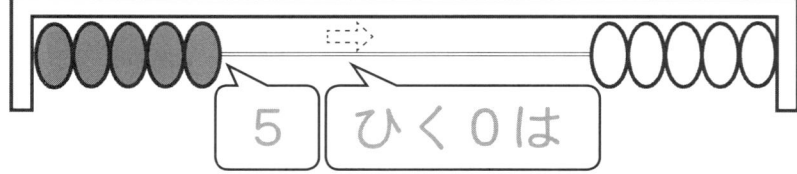
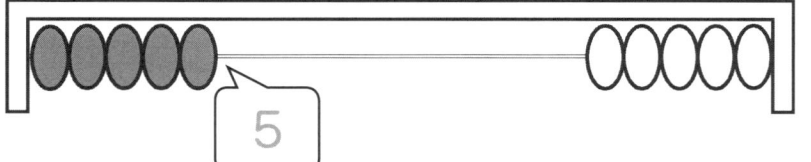

$2-0=2$

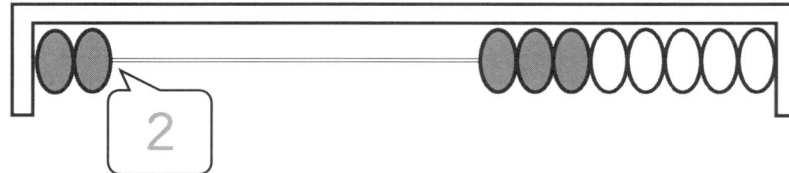

$7-0=7$

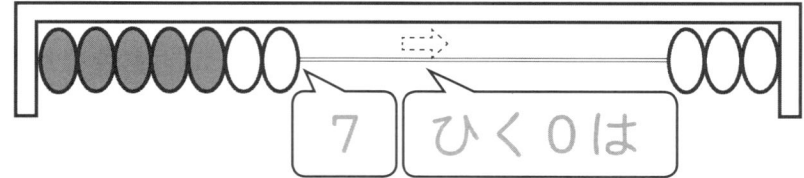
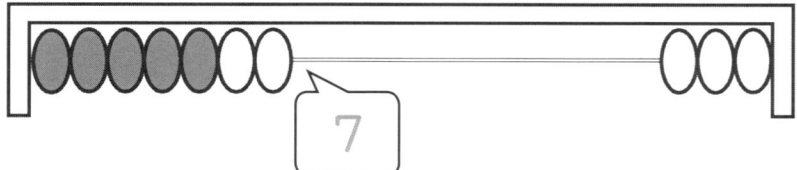

★おわったら　やって　みよう
なぞったところを　こえに　だして　よみましょう。

26 20までの かず①

7 けいさん⑦ 20までの かず

1 なぞりましょう。

 １０（じゅう）

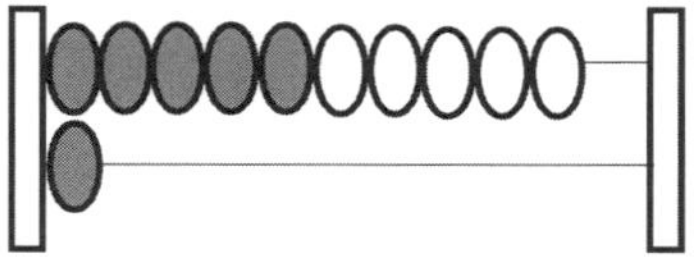

１１（じゅういち）

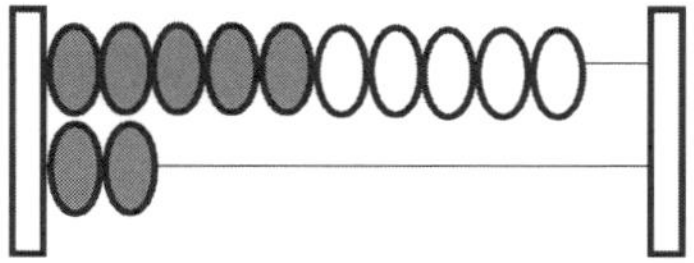

１２（じゅうに）

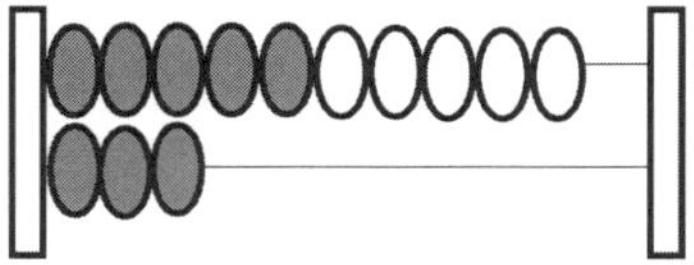

１３（じゅうさん）

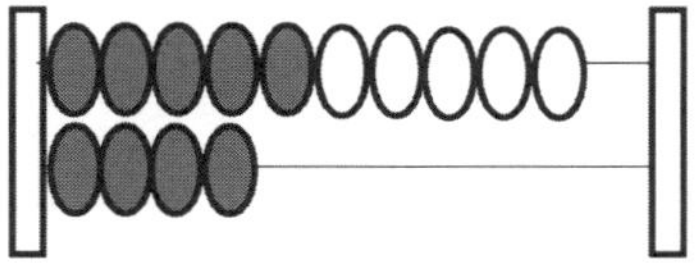

１４（じゅうし）

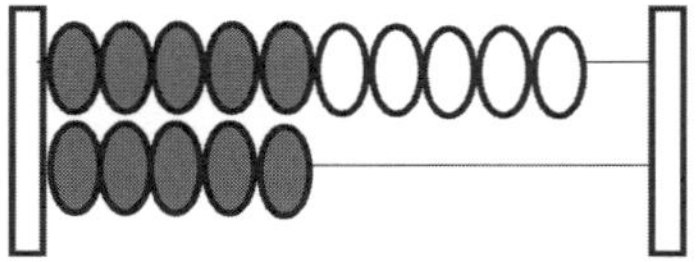

１５（じゅうご）

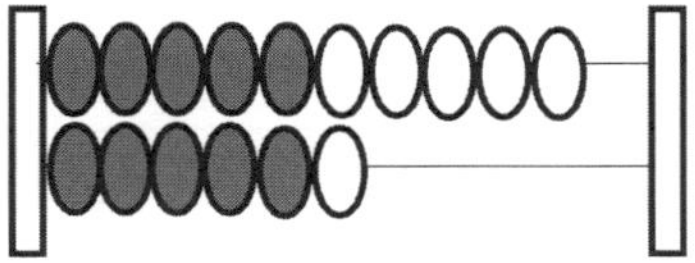

１６（じゅうろく）

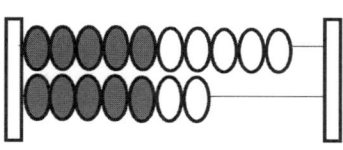 １７（じゅうしち）

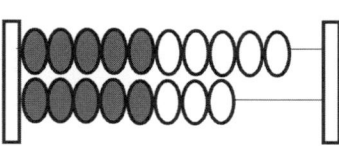 １８（じゅうはち）

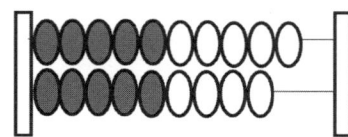 １９（じゅうく）

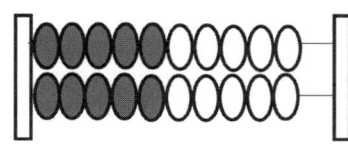 ２０（にじゅう）

2 おなじ かずだけ ○を ぬりましょう。

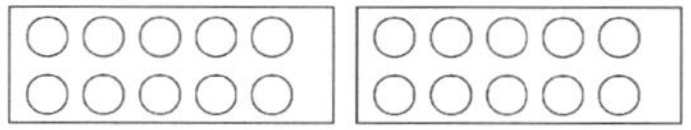

 １７（じゅうしち）

１１（じゅういち）

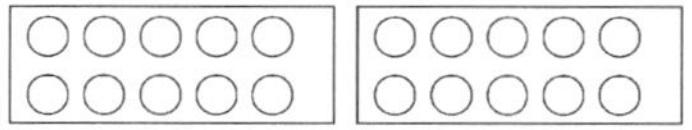

１４（じゅうし）

★おわったら やって みよう
なぞった かずを よみましょう。

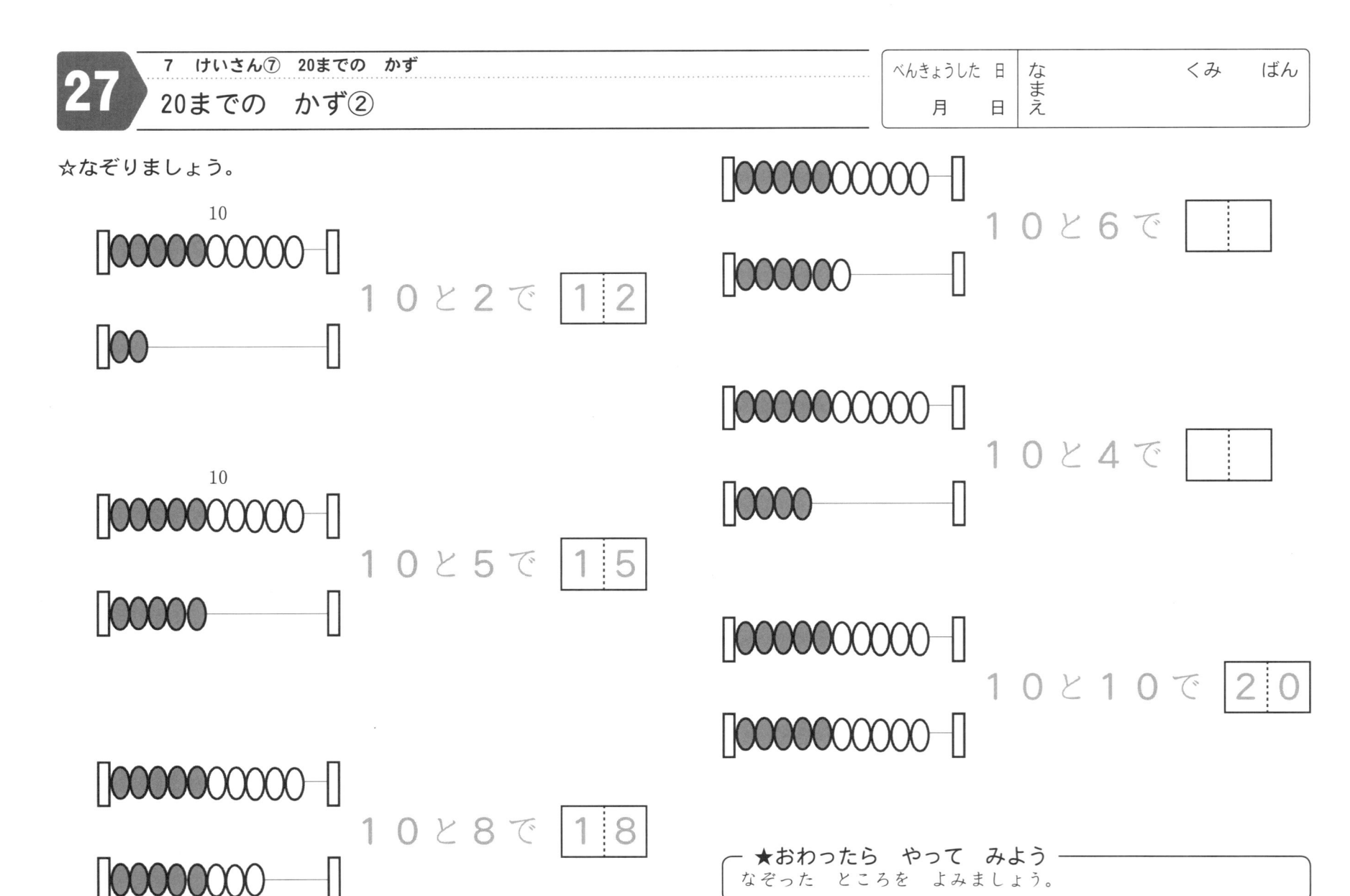

27　20までの　かず②

7　けいさん⑦　20までの　かず

☆なぞりましょう。

10と2で　1 2

10と5で　1 5

10と8で　1 8

10と6で　☐

10と4で　☐

10と10で　2 0

★おわったら　やって　みよう
なぞった　ところを　よみましょう。

28 20までの かず③

7 けいさん⑦ 20までの かず

☆□に かずを かきましょう。

|1|0|と|　|1|で|1|1|

|　|　|と|　|3|で|1|3|

|　|　|と|　|　|で|1|8|

|　|　|と|　|　|で|　|　|

|　|　|と|　|　|で|　|　|

|　|　|と|　|　|で|　|　|

★おわったら やって みよう
こえに だして よみましょう。

29 7 けいさん⑦ 20までの かず
20までの かず④

1 なぞりましょう。

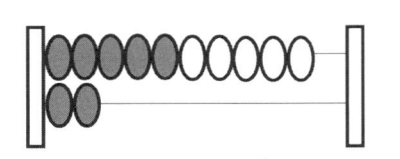

12 は、10 と 2

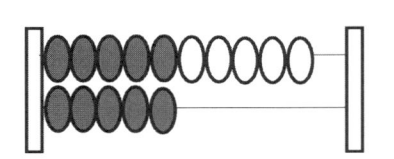

15 は、10 と 5

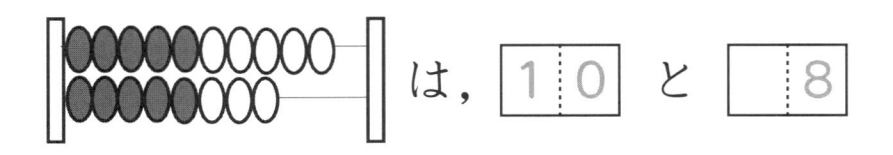

は、10 と 8

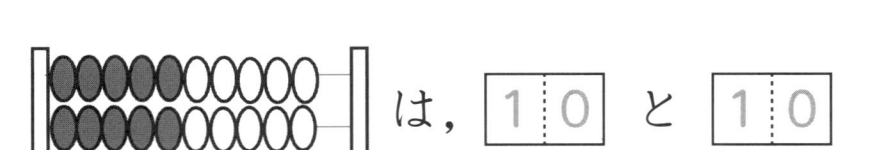

は、10 と 10

2 □に かずを かきましょう。

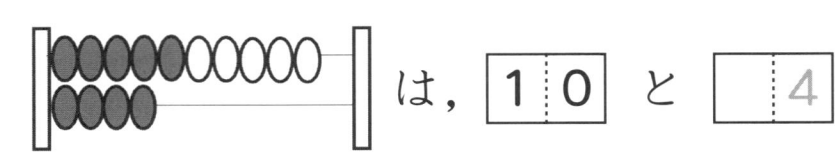

は、10 と 4

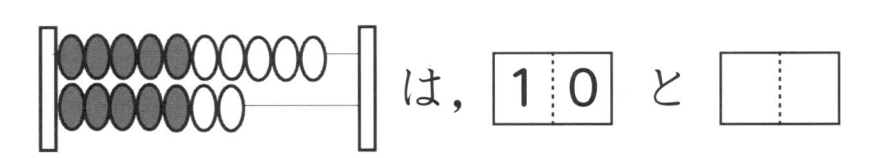

は、10 と

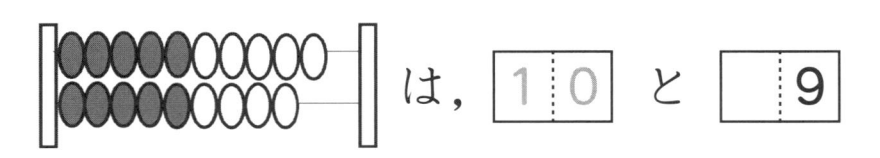

は、10 と 9

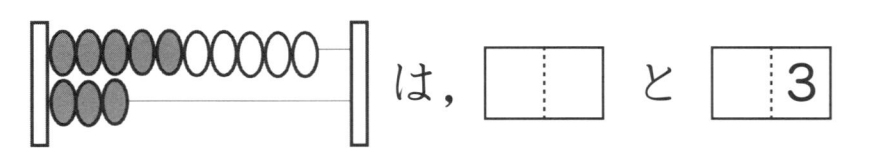

は、   と 3

★おわったら やって みよう
こえに だして よみましょう。

30 20までの かず⑤

7 けいさん⑦ 20までの かず

☆かぞえましょう。

- 2 (に)
- 4 (し)
- 6 (ろく)
- 8 (はち)
- 10 (じゅう)
- 12 (じゅうに)
- 14 (じゅうし)
- 16 (じゅうろく)
- 18 (じゅうはち)
- 20 (にじゅう)

★おわったら やって みよう

□に かずを かきましょう。

| □ | 2 | □ | 4 | □ | □ | 8 | □ |

| 12 | □ | 16 | □ | 20 |

31 20までの かず⑥

7 けいさん⑦ 20までの かず

① かぞえましょう。

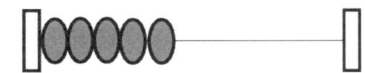

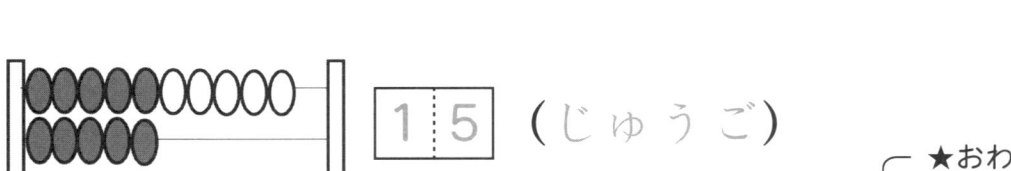

- 5 (ご)
- 10 (じゅう) 
- 15 (じゅうご)
- 20 (にじゅう) 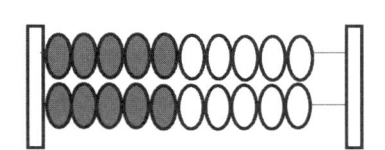

② □に かずを かきましょう。

- 10
- □
- □

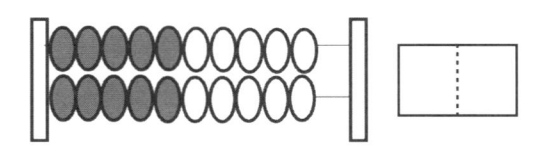

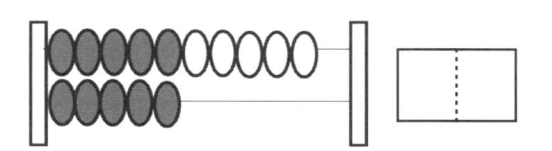

★おわったら やって みよう

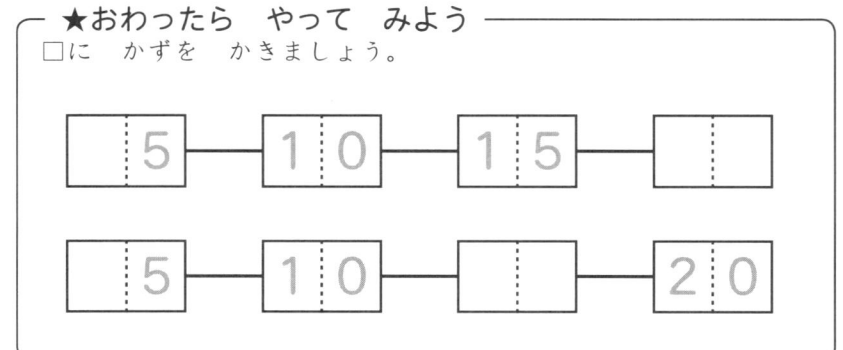

□に かずを かきましょう。

| 5 | 10 | 15 | □ |

| 5 | 10 | □ | 20 |

32

8 けいさん⑧ くりあがりの ある たしざん

くりあがりの ある たしざん(1)

べんきょうした 日　なまえ　　　くみ　ばん
　月　　日

☆けいさんしましょう。

9 + 2

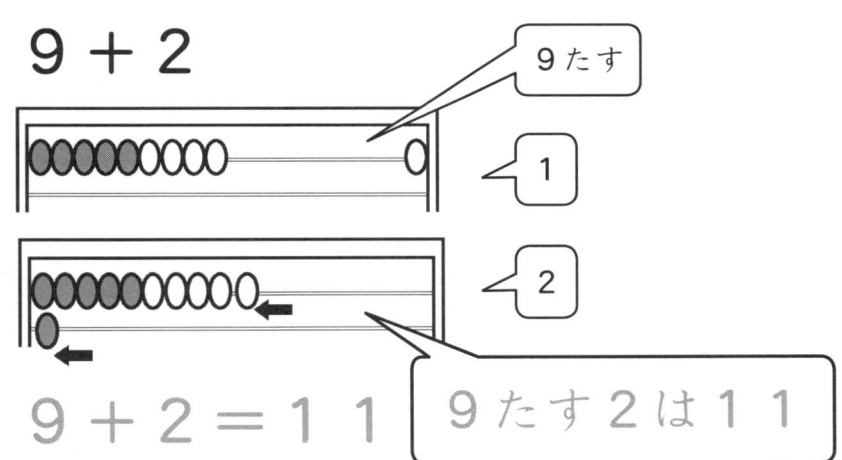

9たす
1
2

9 + 2 = 1 1　　9たす2は11

9 + 3

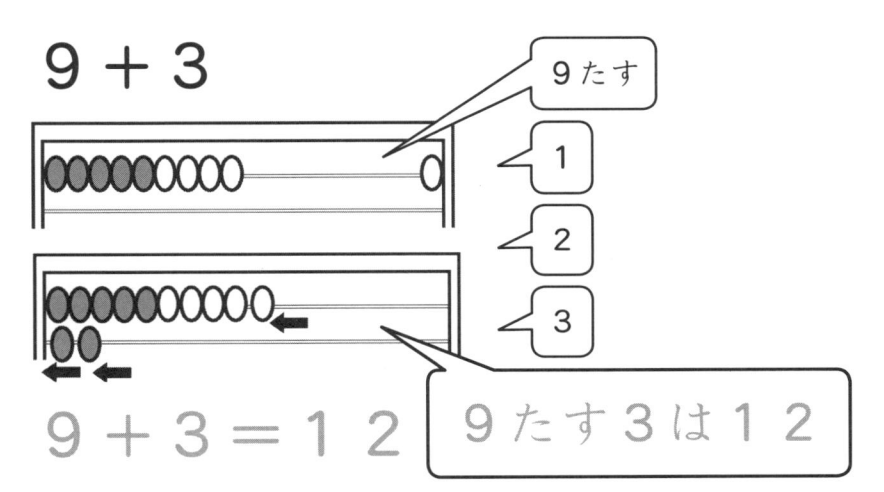

9たす
1
2
3

9 + 3 = 1 2　　9たす3は12

8 + 3

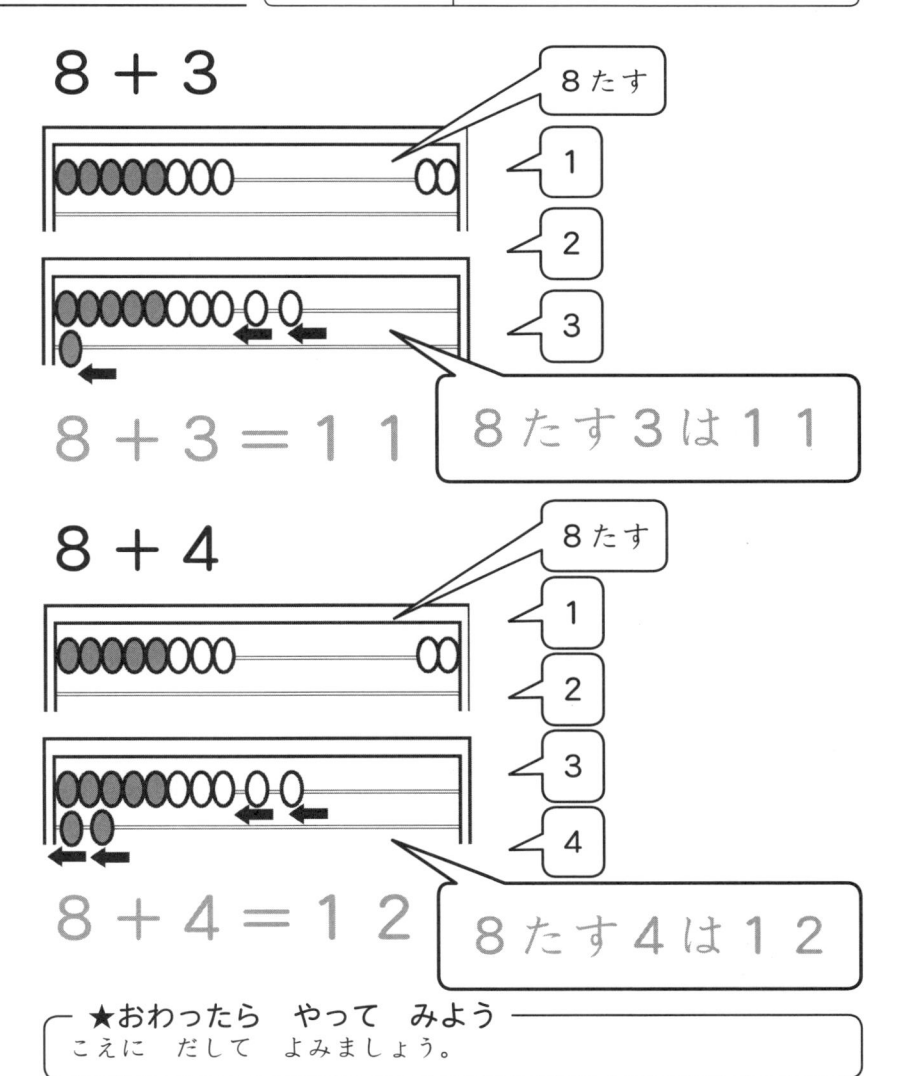

8たす
1
2
3

8 + 3 = 1 1　　8たす3は11

8 + 4

8たす
1
2
3
4

8 + 4 = 1 2　　8たす4は12

―★おわったら やって みよう―
こえに だして よみましょう。

33

8 けいさん⑧ くりあがりの ある たしざん

くりあがりの ある たしざん(2) ①

☆10は いくつと いくつですか。

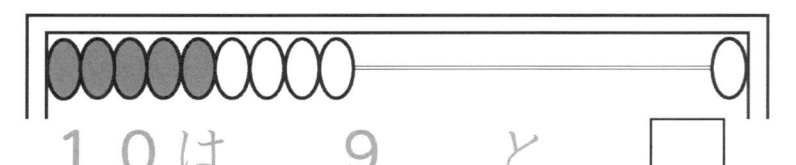

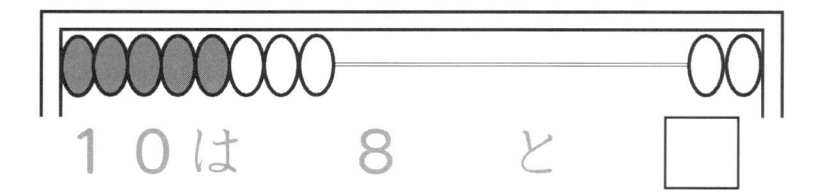

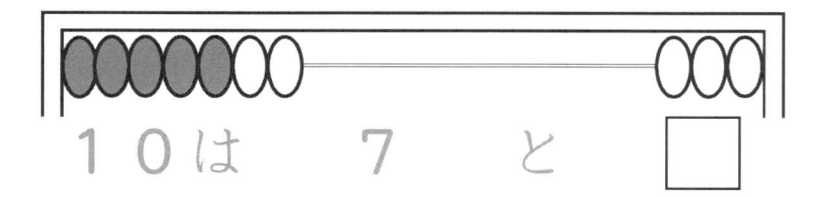

10は 9 と □

10は 8 と □

10は 7 と □

10は 6 と □

10は 5 と □

10は 4 と □

10は 3 と □

10は 2 と □

10は 1 と □

★おわったら やって みよう
こえに だして よみましょう。

34 くりあがりの ある たしざん(2) ②

8 けいさん⑧ くりあがりの ある たしざん

☆10は いくつと いくつですか。

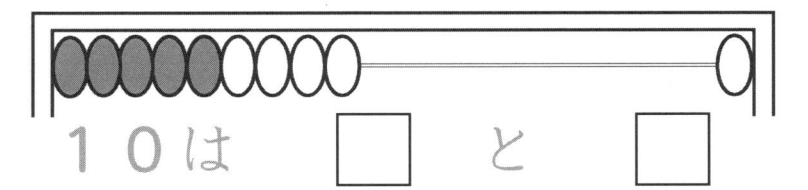

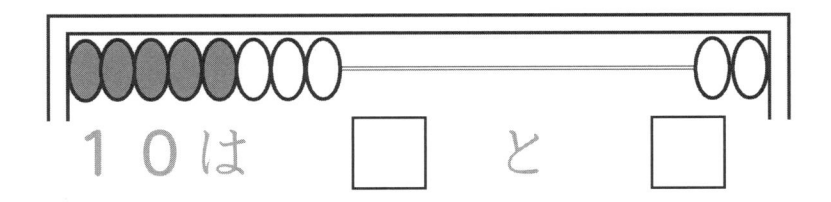

10は □ と □

10は □ と □

10は □ と □

10は □ と □

10は □ と □

10は □ と □

10は □ と □

10は □ と □

10は □ と □

★おわったら やって みよう
こえに だして よみましょう。

35　くりあがりの　ある　たしざん(3)　①

8　けいさん⑧　くりあがりの　ある　たしざん

☆なぞりましょう。

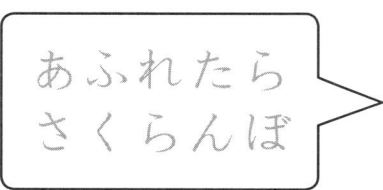

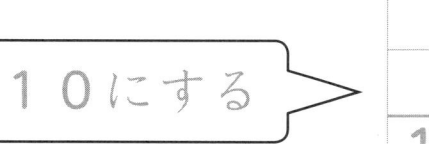

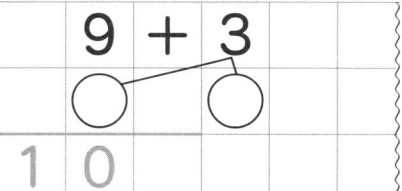

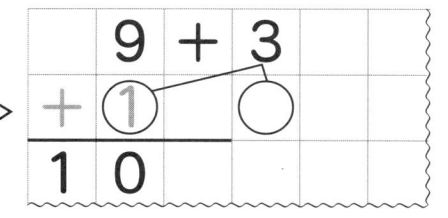

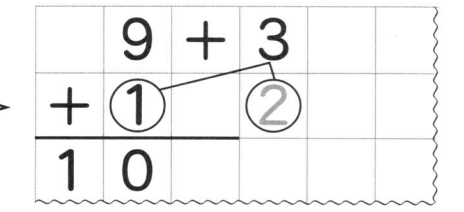

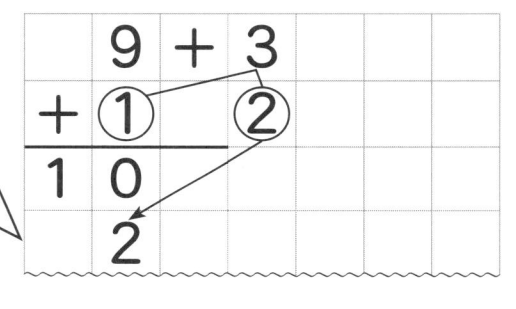

- あふれたら さくらんぼ　→　9 + 3
- １０にする　→　9 + 3 ／ 10
- １０は９と１　→　9 + 3 ／ +① ／ 10
- ３は１と２　→　9 + 3 ／ +①② ／ 10

- ２をおろす　→　9 + 3 ／ +①② ／ 10 ／ 2
- １０＋２は １２　→　9 + 3 ／ +①② ／ 10 ／ 2 ／ 12
- ９＋３は １２　→　9 + 3 ＝ １２ ／ +①② ／ 10 ／ 2 ／ 12

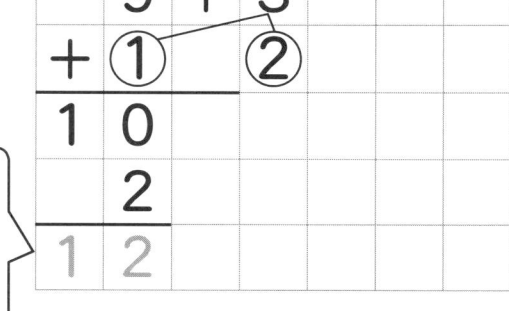

★おわったら やって みよう
ここを そっくり ノートに うつしましょう。

36 くりあがりの ある たしざん(3) ②

8 けいさん⑧ くりあがりの ある たしざん

☆なぞりましょう。

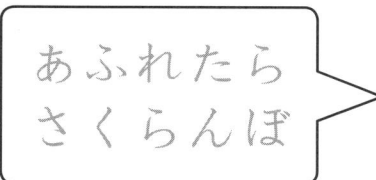

あふれたら さくらんぼ

```
  9 + 2
  ○   ○
```

１０にする

```
  9 + 2
  ○   ○
  1 0
```

１０は９と１

```
  9 + 2
+ ①   ○
  1 0
```

２は１と１

```
  9 + 2
+ ①   ①
  1 0
```

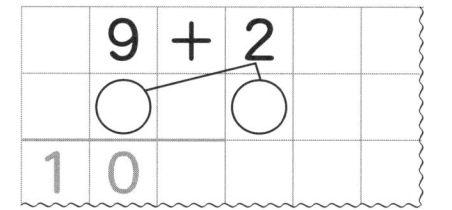

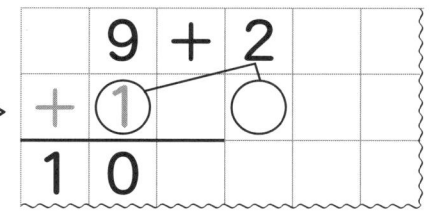

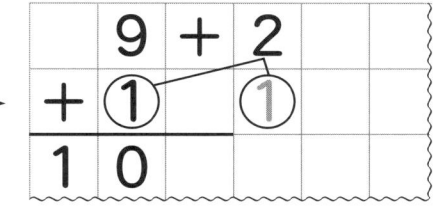

１をおろす

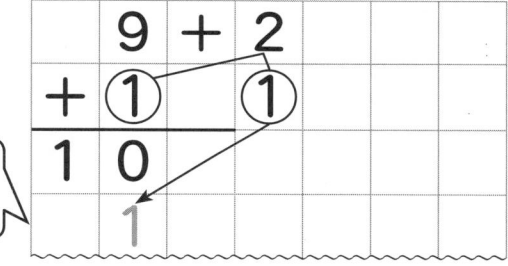

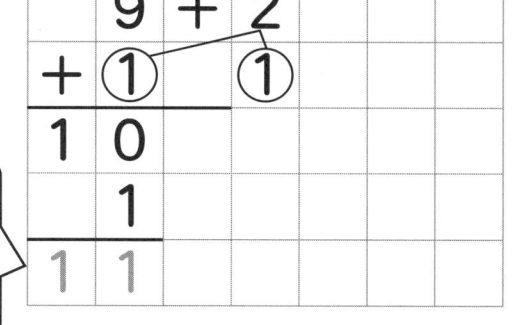

```
  9 + 2
+ ①   ①
  1 0
      1
```

１０＋１は １１

```
  9 + 2
+ ①   ①
  1 0
      1
  1 1
```

９＋２は １１

```
  9 + 2 = 1 1
+ ①   ①
  1 0
      1
  1 1
```

★おわったら やって みよう
ここを そっくり ノートに うつしましょう。

37 8 けいさん⑧ くりあがりの ある たしざん
くりあがりの ある たしざん⑶ ③

☆けいさんしましょう。

① あふれたら さくらんぼ
② 10にする
③ 10は9と1
④ 3は1と2
⑤ 2をおろす
⑥ 10＋2は12
⑦ 9＋3は12

```
  9 + 3 =
+ ①   ②
1 0
    2
1 2
```

① あふれたら さくらんぼ
② 10にする
③ 10は8と2
④ 3は2と1
⑤ 1をおろす
⑥ 10＋1は11
⑦ 8＋3は11

```
  8 + 3 =
+ ②   ①
    1
1 1
```

① あふれたら さくらんぼ
② 10にする
③ 10は9と1
④ 2は1と1
⑤ 1をおろす
⑥ 10＋1は11
⑦ 9＋2は11

```
  9 + 2 =
+ ①   ①
1 0
    1
1 1
```

① あふれたら さくらんぼ
② 10にする
③ 10は8と2
④ 4は2と2
⑤ 2をおろす
⑥ 10＋2は12
⑦ 8＋4は12

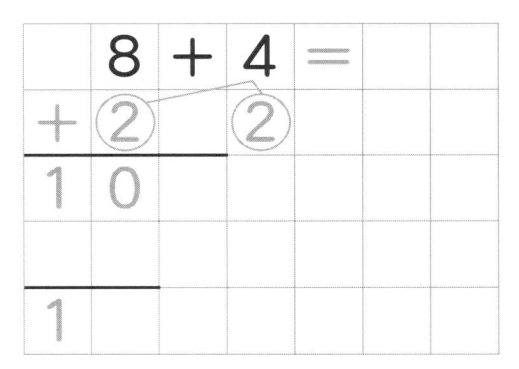

```
  8 + 4 =
+ ②   ②
1 0
1
```

★おわったら やって みよう
こえに だして よみましょう。

38 くりあがりの ある たしざん(3) ④

8 けいさん⑧ くりあがりの ある たしざん

☆けいさんしましょう。

①　あふれたら さくらんぼ
②　　　にする
③　10は9と1
④　4は1と3
⑤　3をおろす
⑥　10+3は13
⑦　9+4は13

$$9+4=$$
$$+①③$$
$$10$$
$$3$$
$$13$$

①　あふれたら さくらんぼ
②　　　にする
③　10は8と2
④　5は2と3
⑤　3をおろす
⑥　10+3は13
⑦　8+5は13

$$8+5=$$
$$+②③$$
$$13$$

①　あふれたら さくらんぼ
②　　　にする
③　10は9と1
④　5は1と4
⑤　4をおろす
⑥　10+4は14
⑦　9+5は14

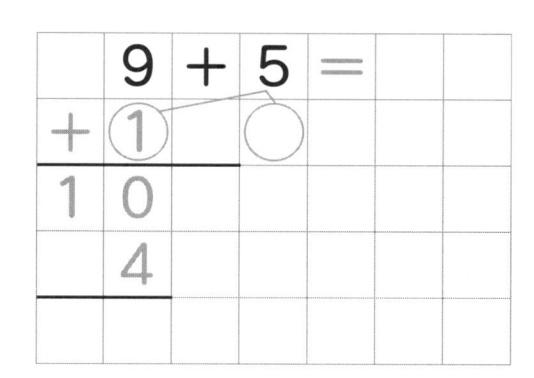

$$9+5=$$
$$+①○$$
$$10$$
$$4$$

①　あふれたら さくらんぼ
②　　　にする
③　10は8と2
④　6は2と4
⑤　4をおろす
⑥　10+4は14
⑦　8+6は14

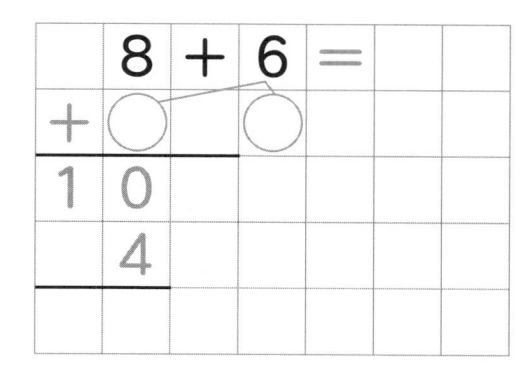

$$8+6=$$
$$+○○$$
$$10$$
$$4$$

★おわったら やって みよう
こえに だして よみましょう。

39 くりあがりの ある たしざん⑶ ⑤

8 けいさん⑧ くりあがりの ある たしざん

☆けいさんしましょう。

① あふれたら さくらんぼ
② 　　にする
③ 10は9と1
④ 3は1と2
⑤ 2をおろす
⑥ 10＋2は12
⑦ 9＋3は12

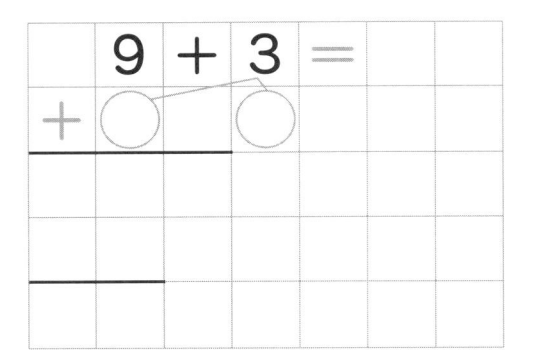

9＋3＝

① あふれたら さくらんぼ
② 　　にする
③ 10は8と2
④ 3は2と1
⑤ 1をおろす
⑥ 10＋1は11
⑦ 8＋3は11

8＋3＝
10
1

① あふれたら さくらんぼ
② 　　にする
③ 10は9と1
④ 2は1と1
⑤ 1をおろす
⑥ 10＋1は11
⑦ 9＋2は11

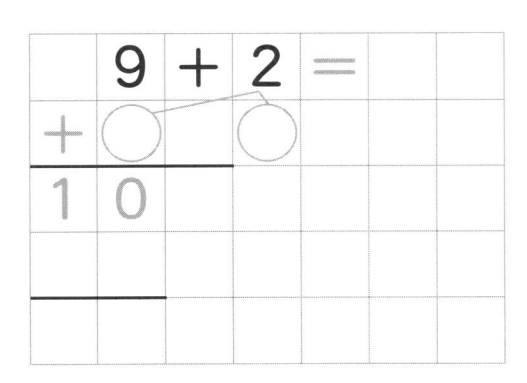

9＋2＝
10

① あふれたら さくらんぼ
② 　　にする
③ 10は8と2
④ 4は2と2
⑤ 　をおろす
⑥ 10＋2は12
⑦ 8＋4は12

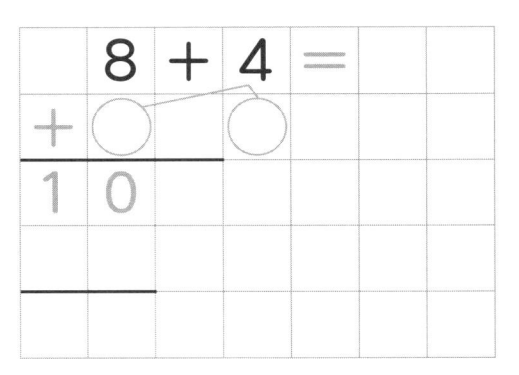

8＋4＝
10

──★おわったら やって みよう──
こえに だして よみましょう。

40

8 けいさん⑧ くりあがりの ある たしざん

くりあがりの ある たしざん(3) ⑥

べんきょうした 日　月　日　　なまえ　　　　　くみ　ばん

☆けいさんしましょう。

① あふれたら さくらんぼ
② にする
③ 10は9と1
④ 4は1と3
⑤ 3をおろす
⑥ 10+3は13
⑦ 9+4は13

9 + 4 =
+ ○ ○
1 0

① あふれたら さくらんぼ
② にする
③ 10は8と2
④ は と
⑤ 3をおろす
⑥ 10+3は13
⑦ 8+5は13

8 + 5 =
+ ○ ○
1 0

① あふれたら さくらんぼ
② にする
③ は と
④ 5は1と4
⑤ 4をおろす
⑥ 10+4は14
⑦ 9+5は14

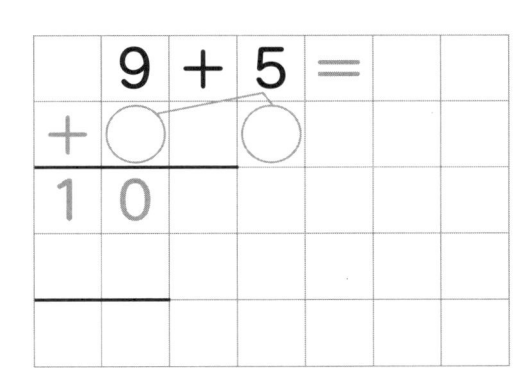

9 + 5 =
+ ○ ○
1 0

① あふれたら さくらんぼ
② にする
③ 10は8と2
④ は と
⑤ 4をおろす
⑥ 　+　は
⑦ 8+6は14

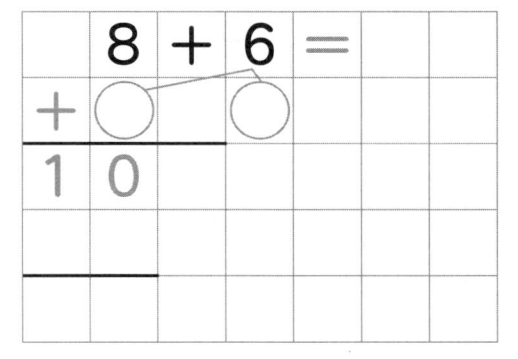

8 + 6 =
+ ○ ○
1 0

──★おわったら やって みよう──
こえに だして よみましょう。

41　8 けいさん⑧　くりあがりの　ある　たしざん
くりあがりの　ある　たしざん⑷　①

☆けいさんしましょう。

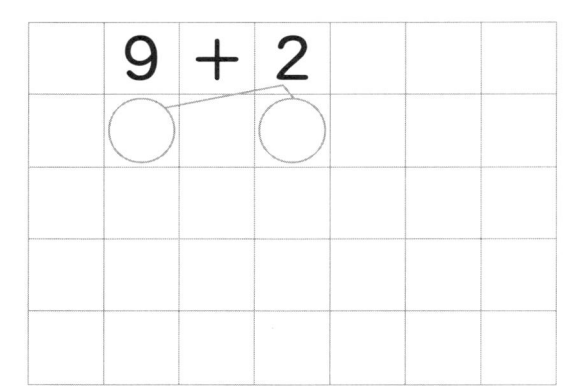

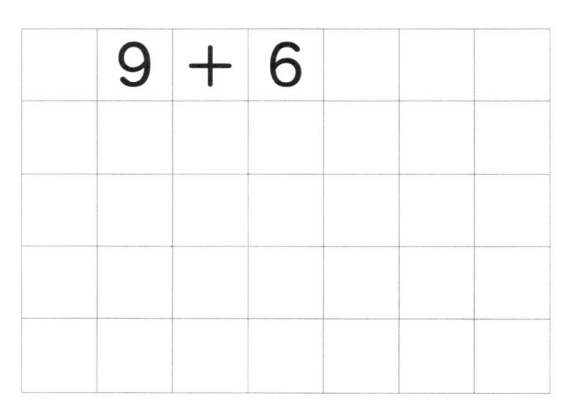

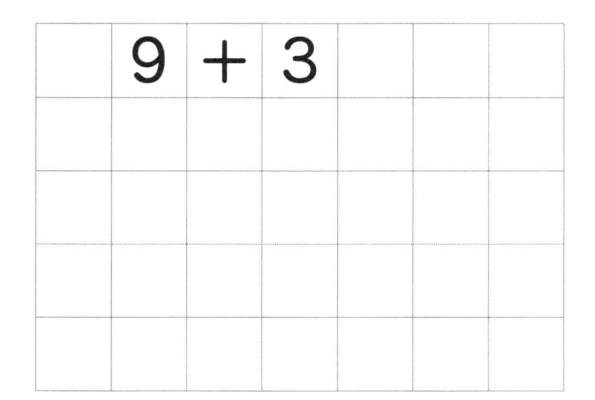

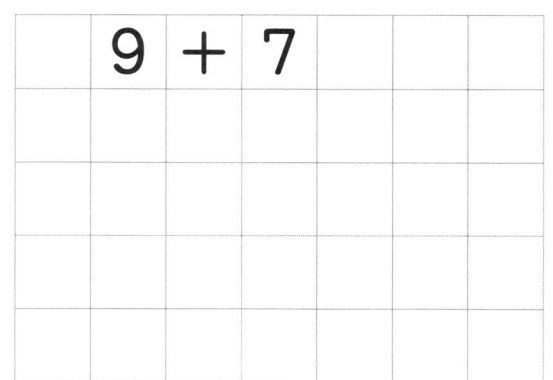

9 + 2

9 + 4

9 + 6

9 + 3

9 + 5

9 + 7

★おわったら　やって　みよう
こえに　だして　よみましょう。

42

8 けいさん⑧ くりあがりの ある たしざん

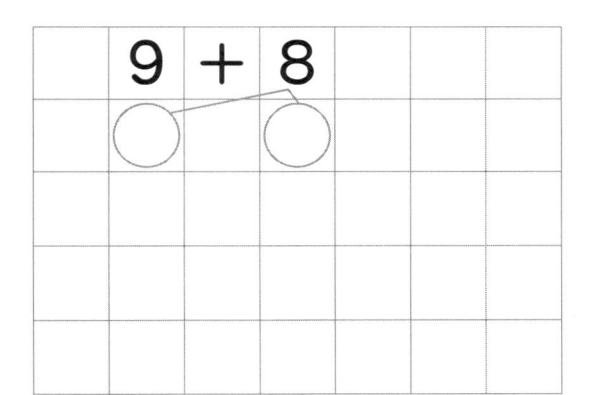

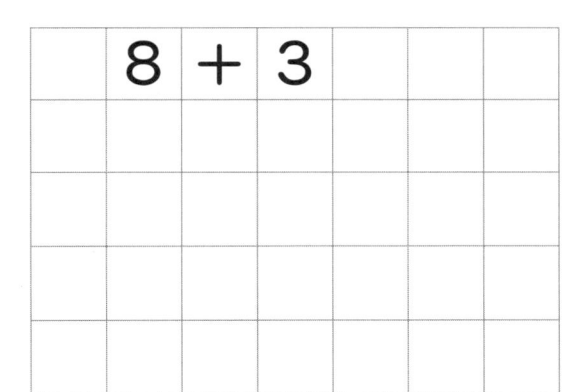

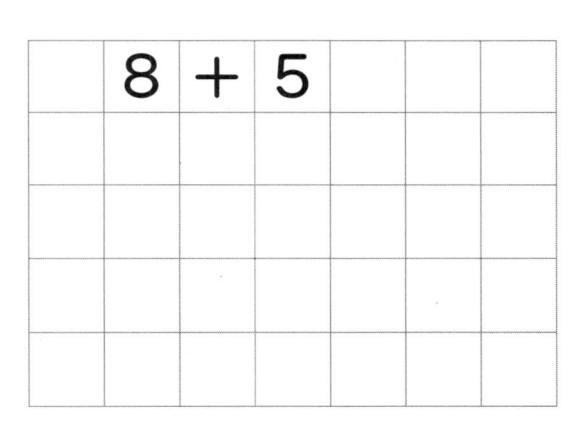

くりあがりの ある たしざん(4) ②

☆けいさんしましょう。

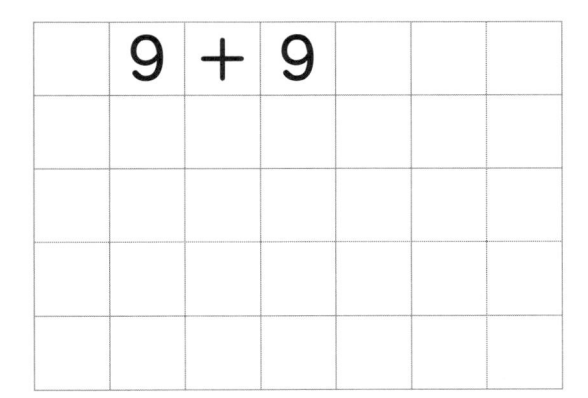

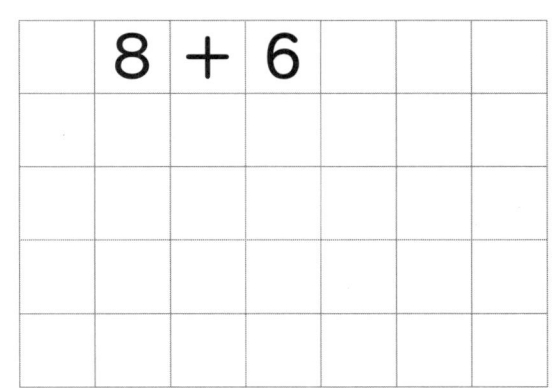

9 + 8

8 + 3

8 + 5

9 + 9

8 + 2

8 + 6

★おわったら やって みよう
こえに だして よみましょう。

43

8 けいさん⑧ くりあがりの ある たしざん

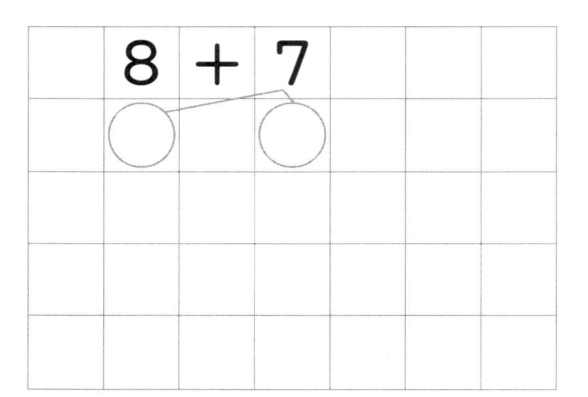

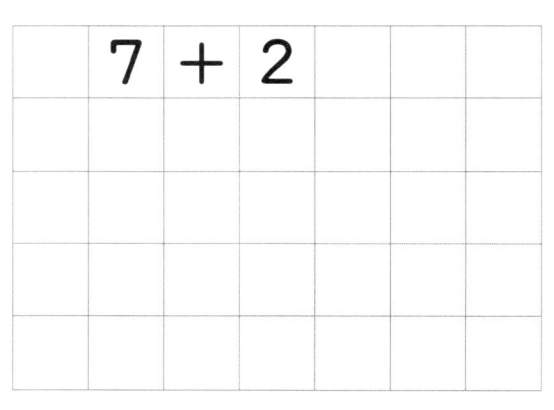

くりあがりの ある たしざん(4) ③

べんきょうした 日　なまえ　　くみ　ばん
月　日

☆けいさんしましょう。

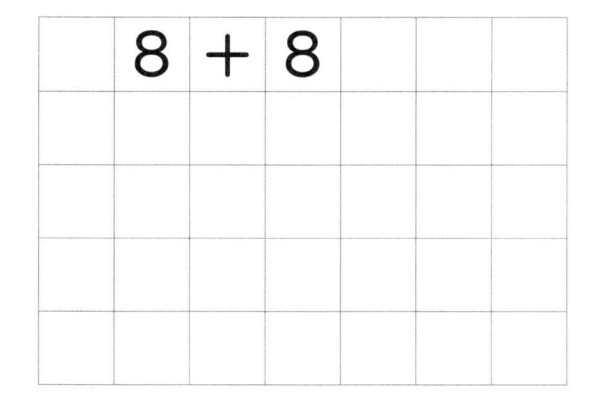

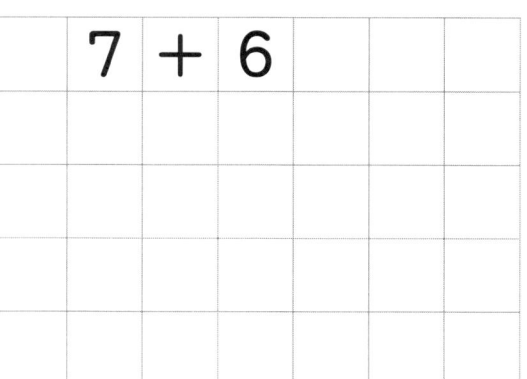

8 + 7

8 + 9

7 + 2

8 + 8

7 + 4

7 + 6

★おわったら やって みよう
こえに だして よみましょう。

44

8 けいさん⑧ くりあがりの ある たしざん

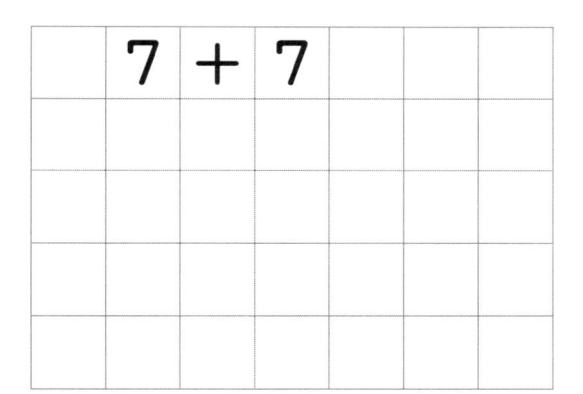

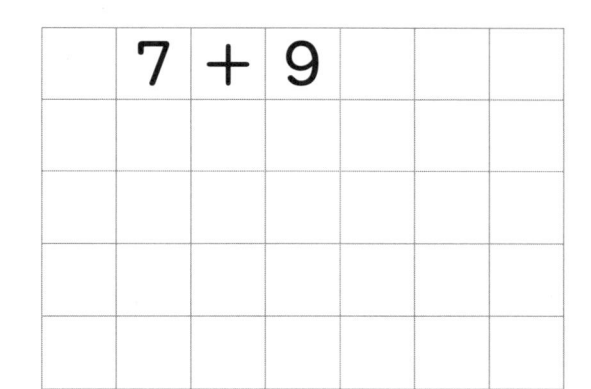

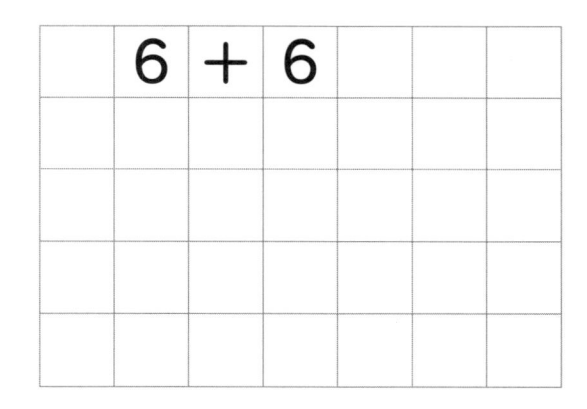

くりあがりの ある たしざん(4) ④

べんきょうした 日　なまえ　　　　くみ　ばん
月　日

☆けいさんしましょう。

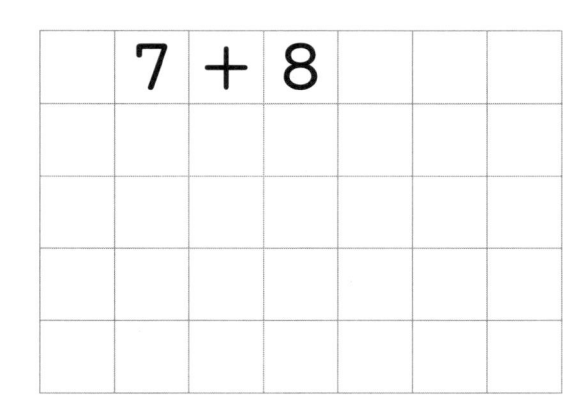

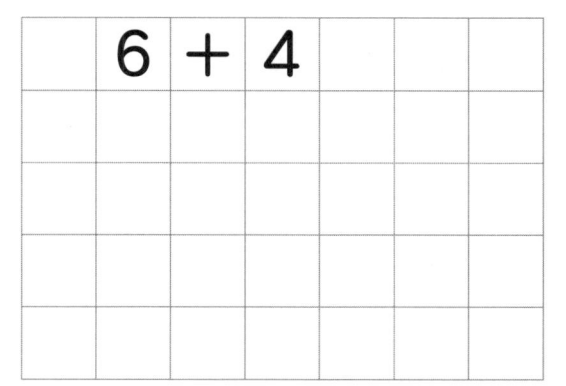

7 + 7

7 + 9

6 + 6

7 + 8

6 + 5

6 + 4

★おわったら やって みよう
こえに だして よみましょう。

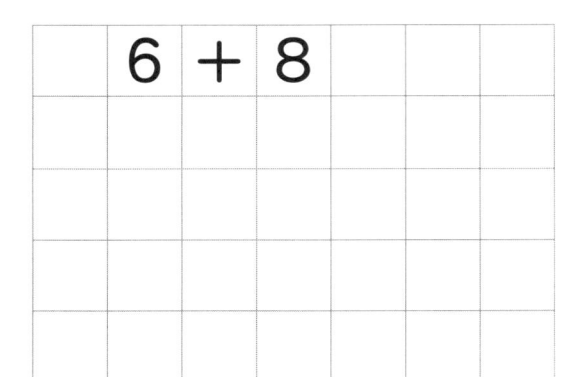

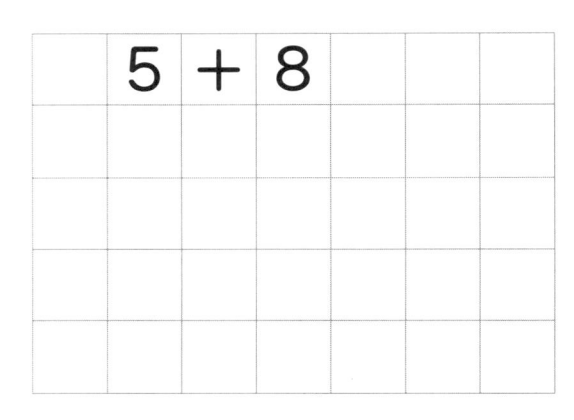

45　くりあがりの　ある　たしざん(4)　⑤

8　けいさん⑧　くりあがりの　ある　たしざん

☆けいさんしましょう。

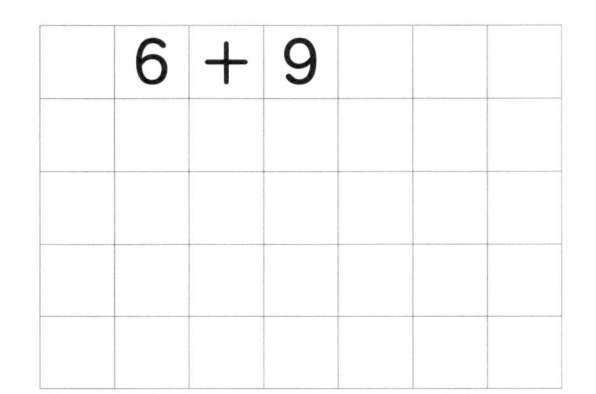

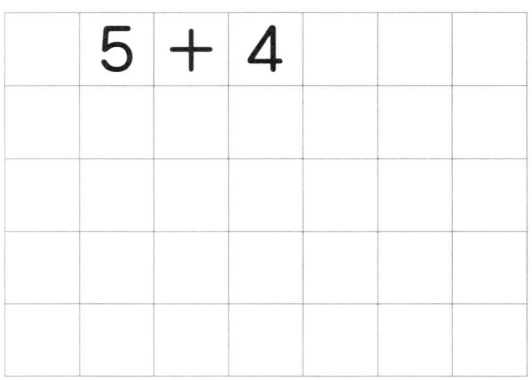

6 ＋ 8

5 ＋ 6

5 ＋ 8

6 ＋ 9

5 ＋ 7

5 ＋ 4

―★おわったら　やって　みよう―
こえに　だして　よみましょう。

46 くりあがりの ある たしざん(4) ⑥

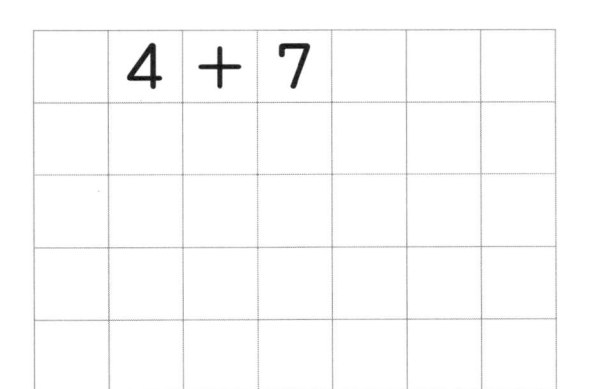

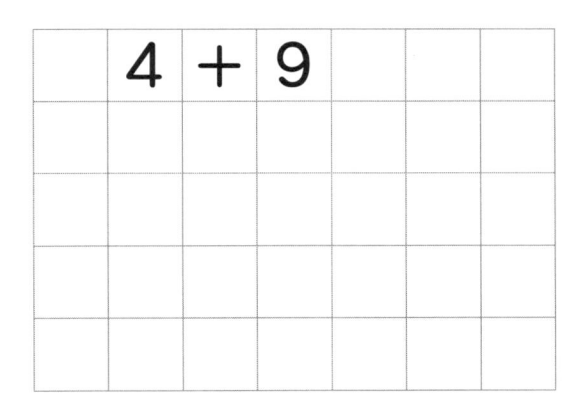

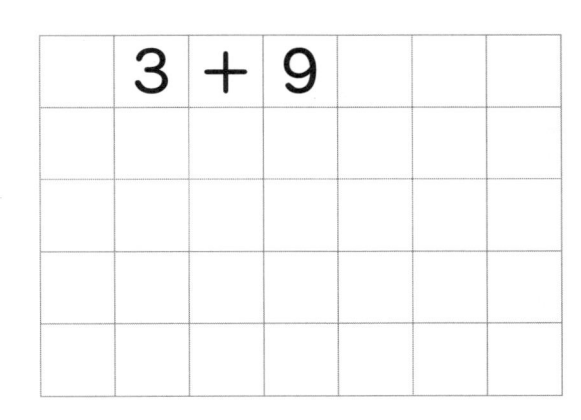

8 けいさん⑧ くりあがりの ある たしざん

☆けいさんしましょう。

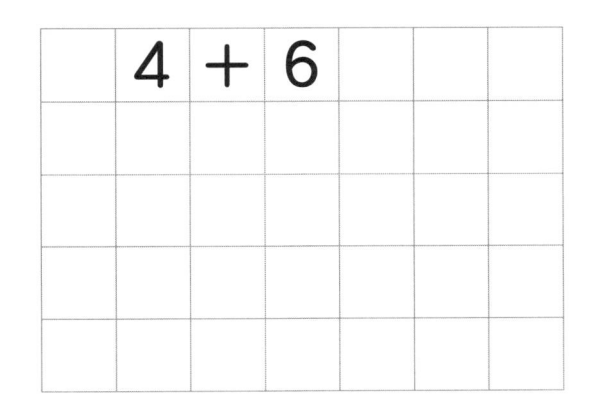

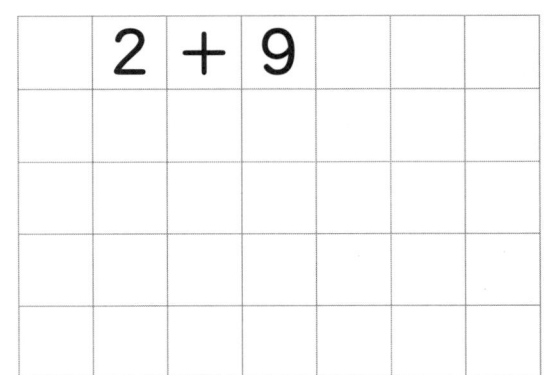

4 + 7

4 + 9

3 + 9

4 + 6

3 + 8

2 + 9

★おわったら やって みよう
こえに だして よみましょう。

47　8 けいさん⑧ くりあがりの ある たしざん
くりあがりの ある たしざん(5)　①

☆けいさんしましょう。

① あふれたら さくらんぼ
② １０にする
　（１０は９と１）
③ わける
　（３は１と２）
④ たす
　（１０＋２は１２）

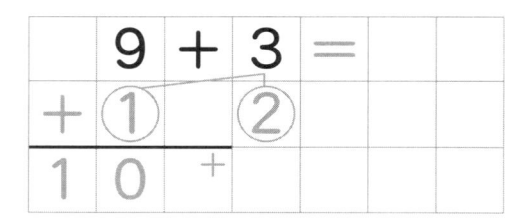

　　９＋３＝
　＋①　②
　―――
　１０　＋

① あふれたら さくらんぼ
② １０にする
　（１０は８と２）
③ わける
　（３は２と１）
④ たす
　（１０＋１は１１）

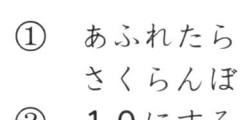

　　８＋３＝
　＋○　○
　―――
　　　＋

① あふれたら さくらんぼ
② １０にする
　（１０は９と１）
③ わける
　（２は１と１）
④ たす
　（１０＋１は１１）

　　９＋２＝
　＋○　○
　―――
　１０　＋

① あふれたら さくらんぼ
② １０にする
　（１０は８と２）
③ わける
　（４は２と２）
④ たす
　（１０＋２は１２）

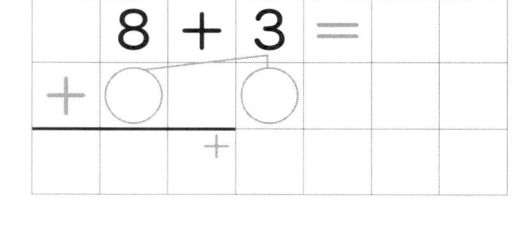

　　８＋４＝
　＋○　○
　―――
　　　＋

★おわったら やって みよう
こえに だして よみましょう。

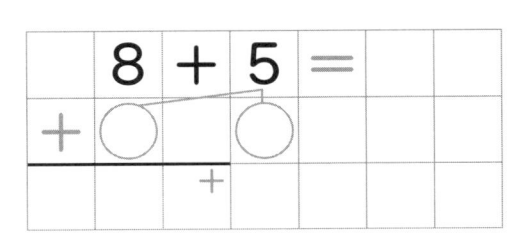

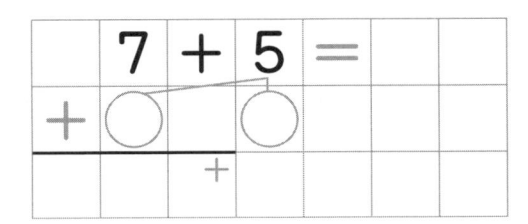

48 くりあがりの ある たしざん(5) ②

8 けいさん⑧ くりあがりの ある たしざん

☆けいさんしましょう。

① あふれたら さくらんぼ
② 10にする
③ わける
④ たす

9 + 4 =
+ ① ③
1 0 +

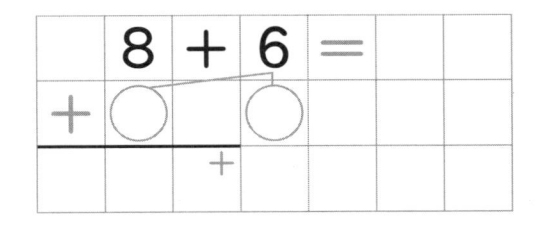

① あふれたら さくらんぼ
② 10にする
③ わける
④ たす

8 + 6 =
+ ○ ○
+

① あふれたら さくらんぼ
② 10にする
③ わける
④ たす

9 + 5 =
+ ○ ○
+

① あふれたら さくらんぼ
② 10にする
③ わける
④ たす

7 + 4 =
+ ○ ○
+

① あふれたら さくらんぼ
② 10にする
③ わける
④ たす

8 + 5 =
+ ○ ○
+

① あふれたら さくらんぼ
② 10にする
③ わける
④ たす

7 + 5 =
+ ○ ○
+

★おわったら やって みよう
こえに だして よみましょう。

49 くりあがりの ある たしざん(5) ③

8 けいさん⑧ くりあがりの ある たしざん

☆けいさんしましょう。

9 + 3

6 + 7

3 + 8

7 + 8

8 + 3

5 + 4

2 + 9

8 + 2

7 + 4

4 + 9

9 + 9

4 + 7

★おわったら やって みよう
こえに だして よみましょう。

50 8 けいさん⑧ くりあがりの ある たしざん
くりあがりの ある たしざん⑸ ④

☆けいさんしましょう。

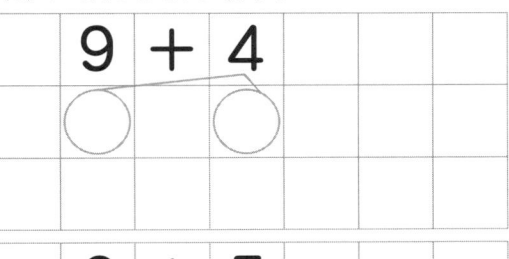

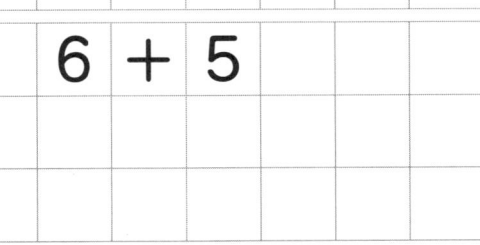

9 + 4　　8 + 5　　7 + 6

6 + 5　　5 + 6　　6 + 3

5 + 9　　8 + 7　　9 + 1

9 + 8　　8 + 4　　5 + 7

★おわったら やって みよう
こえに だして よみましょう。

51　くりあがりの ある たしざん⑸ ⑤

8　けいさん⑧　くりあがりの　ある　たしざん

☆けいさんしましょう。

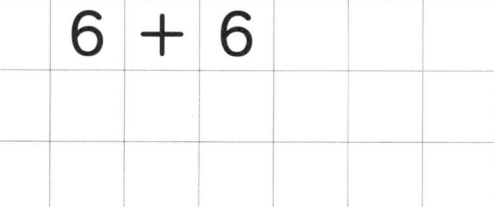

9 + 2	8 + 6	7 + 2
6 + 6	5 + 8	4 + 8
7 + 7	4 + 5	6 + 9
3 + 7	8 + 9	2 + 7

★おわったら やって みよう
こえに だして よみましょう。

52 くりあがりの ある たしざん(5) ⑥

8 けいさん⑧ くりあがりの ある たしざん

☆けいさんしましょう。

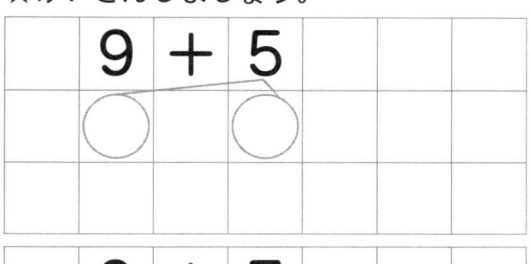

9 + 5

9 + 7

6 + 8

6 + 4

1 + 8

5 + 5

4 + 6

7 + 5

8 + 8

9 + 6

3 + 9

3 + 5

★おわったら やって みよう
こえに だして よみましょう。

53 9 けいさん⑨ くりさがりの ある ひきざん
くりさがりの ある ひきざん(1)

☆けいさんしましょう。

1 1 - 2

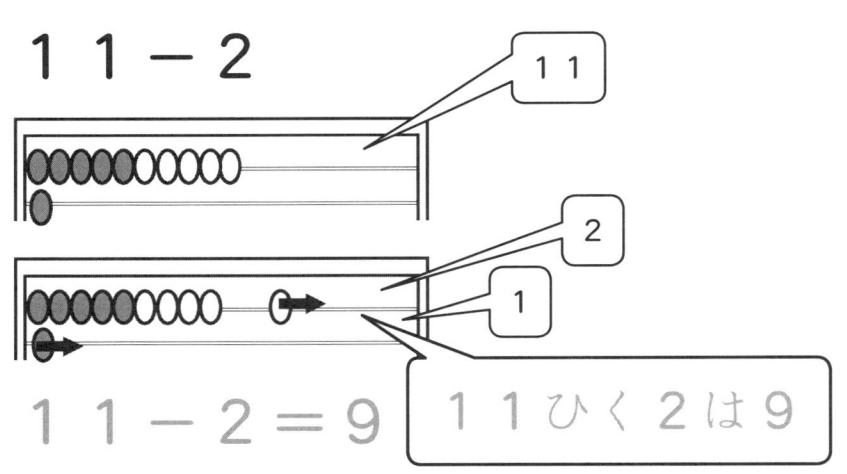

1 1 - 2 = 9 11ひく2は9

1 1 - 3

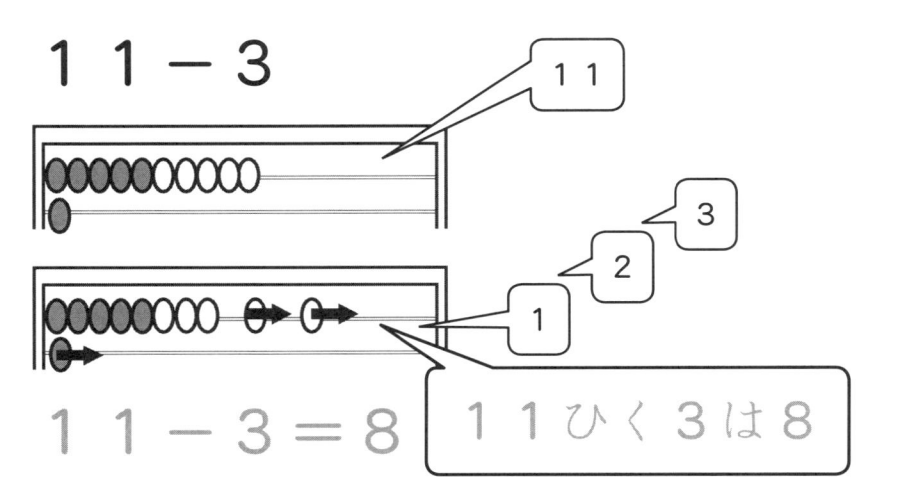

1 1 - 3 = 8 11ひく3は8

1 2 - 3

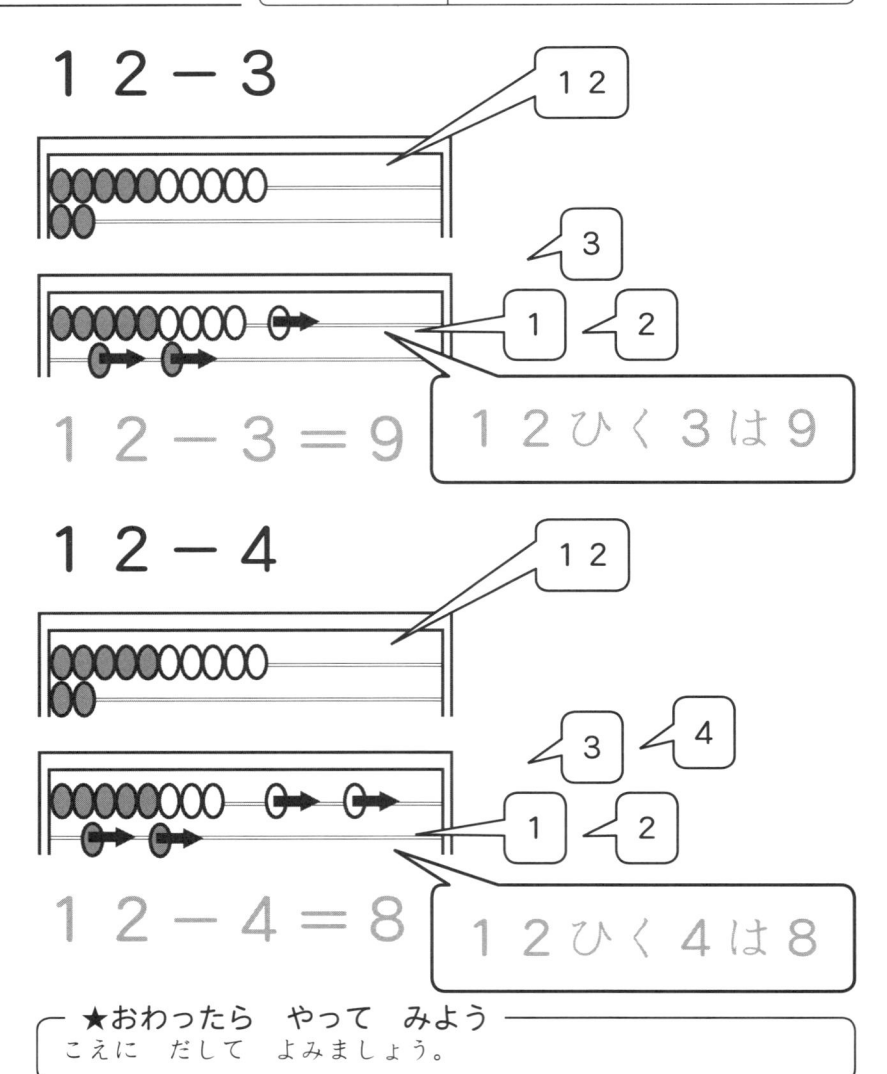

1 2 - 3 = 9 12ひく3は9

1 2 - 4

1 2 - 4 = 8 12ひく4は8

★おわったら やって みよう
こえに だして よみましょう。

54 くりさがりの ある ひきざん(2) ①

9 けいさん⑨ くりさがりの ある ひきざん

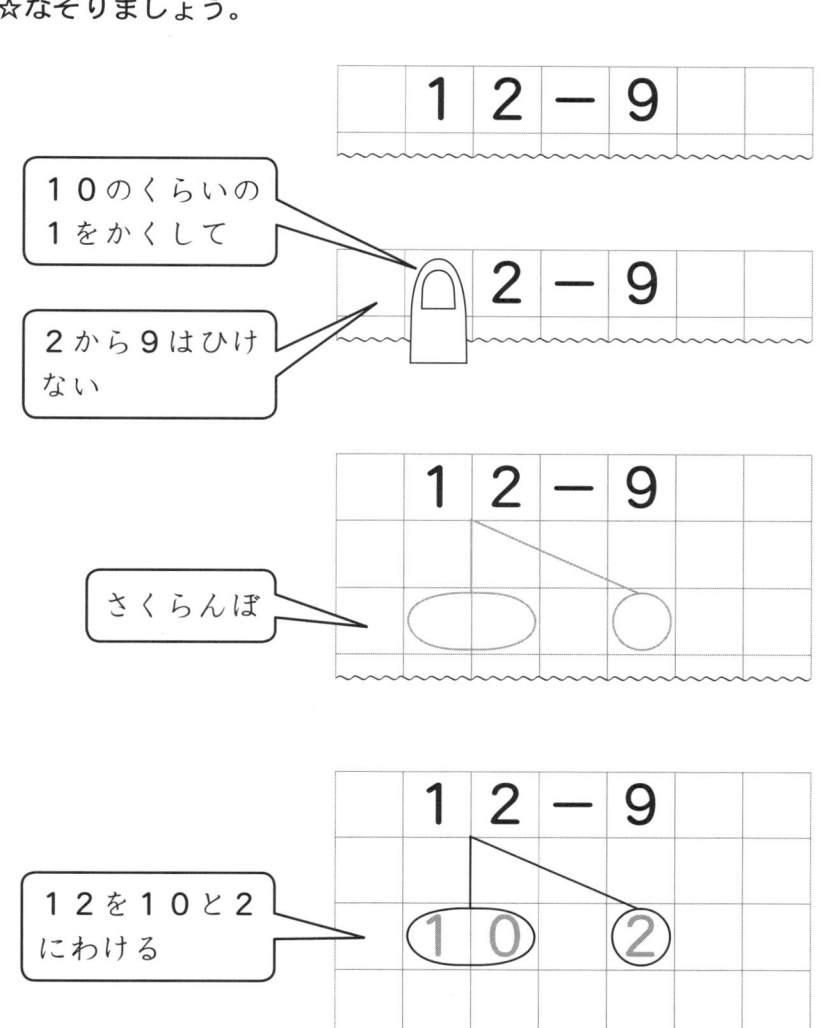

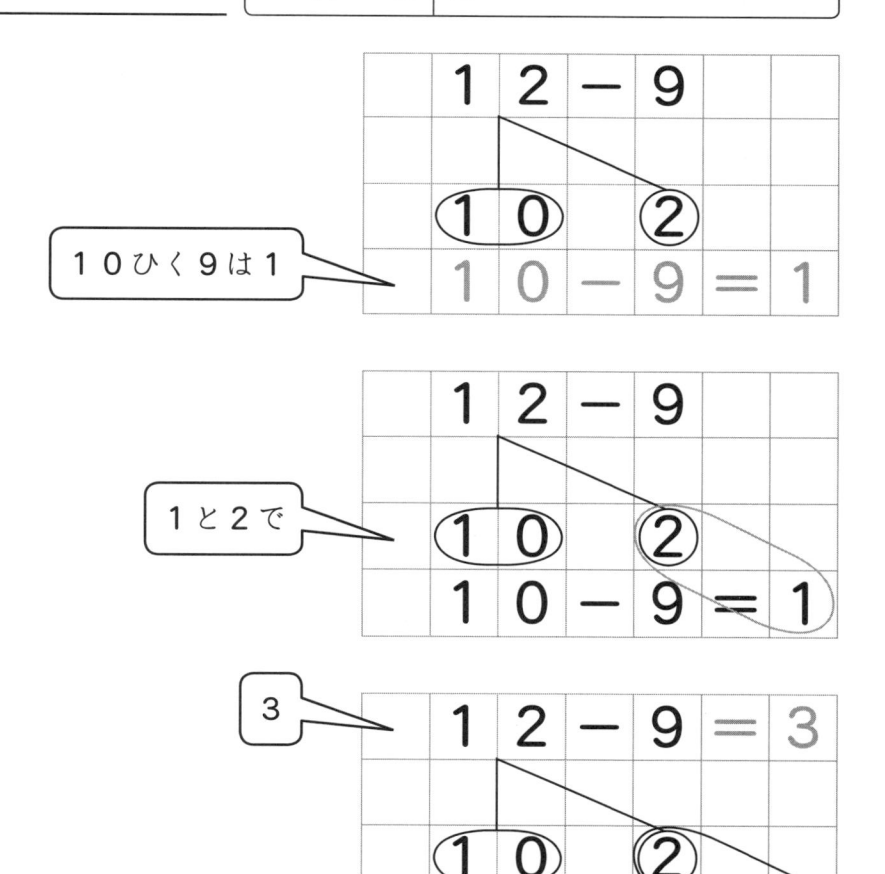

べんきょうした 日　月　日
なまえ　　くみ　ばん

☆なぞりましょう。

1 2 − 9

「10のくらいの 1をかくして」

2 − 9

「2から9はひけない」

1 2 − 9

「さくらんぼ」

1 2 − 9
⑩　②

「12を10と2にわける」

1 2 − 9
⑩　②
「10ひく9は1」　10 − 9 = 1

1 2 − 9
⑩　②
「1と2で」　10 − 9 = 1

1 2 − 9 = 3
⑩　②
「3」　10 − 9 = 1

★おわったら やって みよう
こえに だして よみましょう。

55 くりさがりの ある ひきざん(2) ②

9 けいさん⑨ くりさがりの ある ひきざん

☆なぞりましょう。

12 − 8

10のくらいの 1をかくして

2 − 8

2から8は ひけない

12 − 8

さくらんぼ

12 − 8
⑩ ②

12を10と2 にわける

12 − 8
⑩ ②

10ひく8は2

10 − 8 = 2

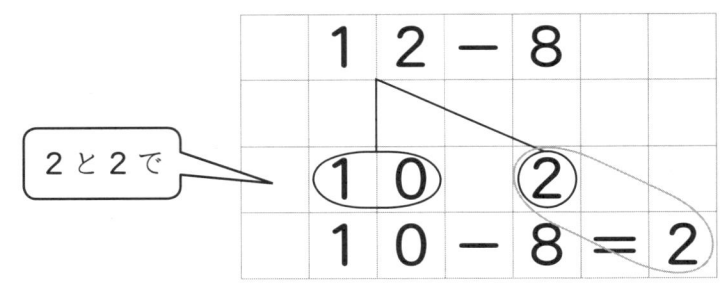

12 − 8
⑩ ②

2と2で

10 − 8 = 2

12 − 8 = 4

4

⑩ ②

10 − 8 = 2

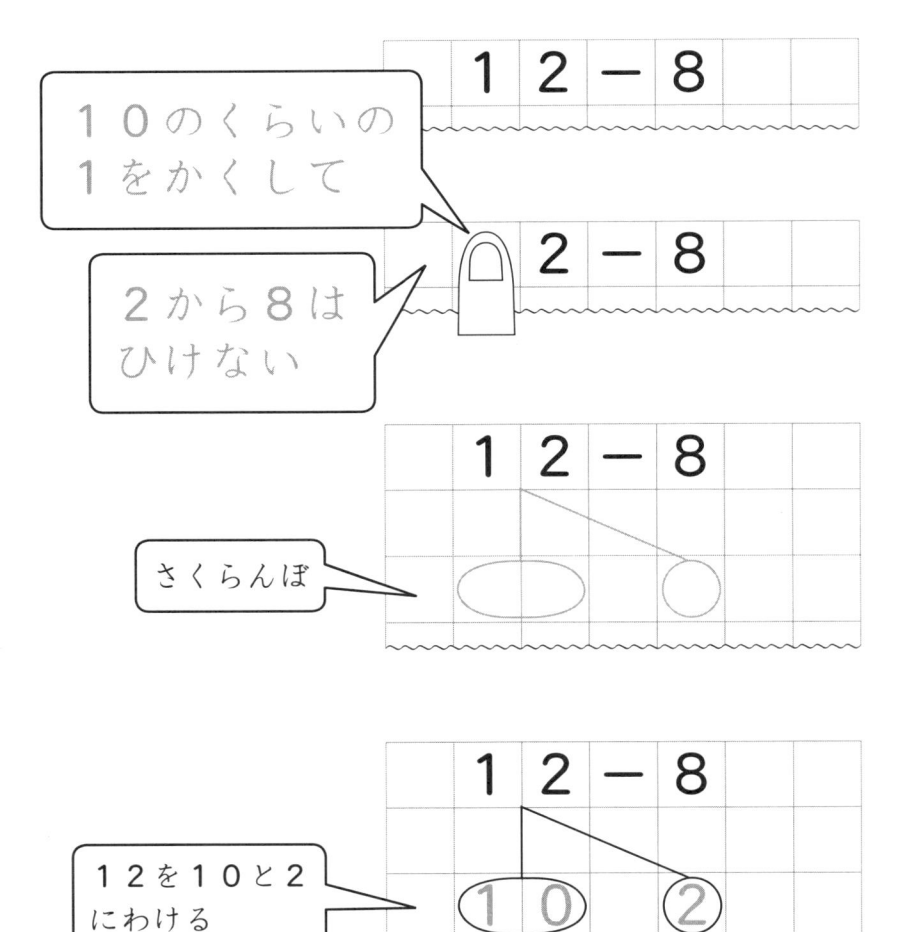

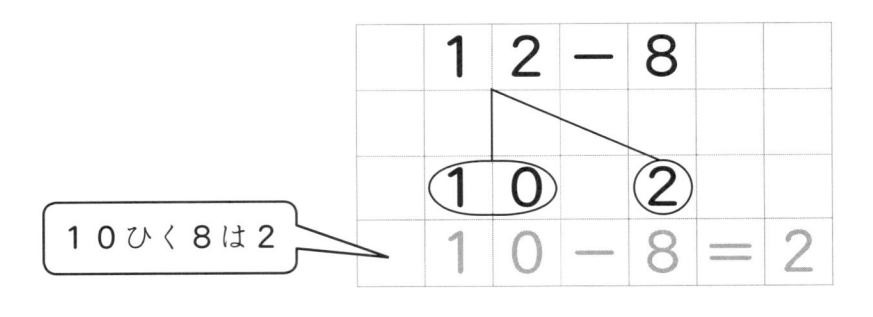

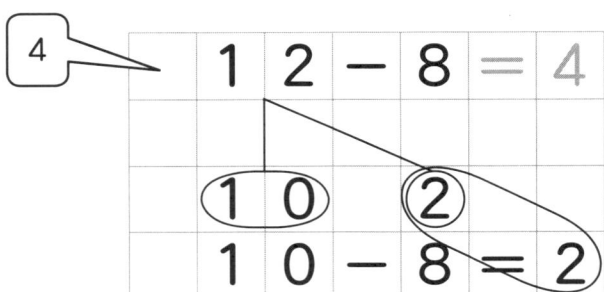

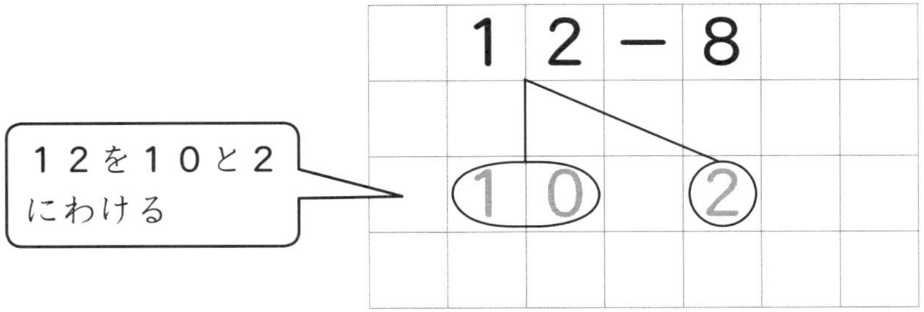

★おわったら やって みよう
こえに だして よみましょう。

56 くりさがりの ある ひきざん(2) ③

9 けいさん⑨ くりさがりの ある ひきざん

☆なぞりましょう。

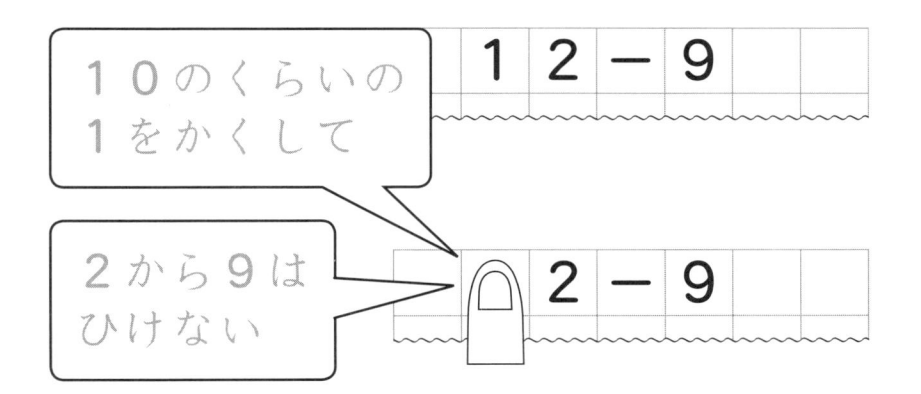

10のくらいの
1をかくして

12-9

2から9は
ひけない

2-9

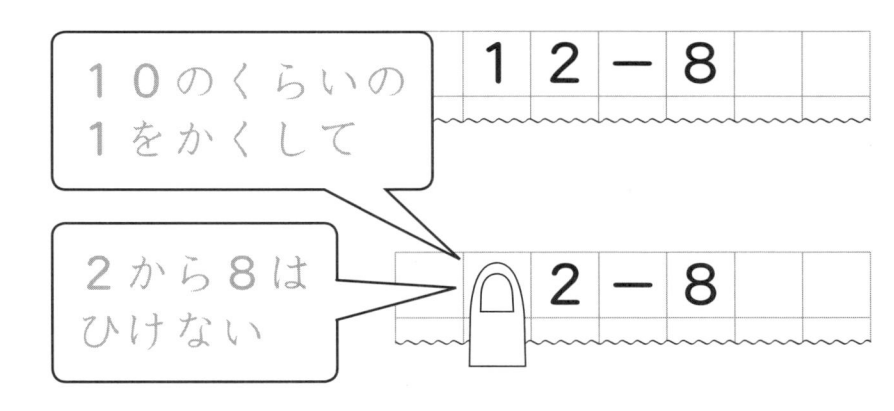

10のくらいの
1をかくして

12-8

2から8は
ひけない

2-8

① さくらんぼ
② 12を10と
　2にわける
③ 10ひく9は
　1
④ 1と2で3

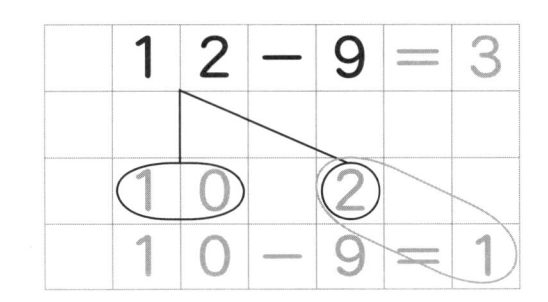

12-9＝3

10　2

10-9＝1

① さくらんぼ
② 12を10と
　2にわける
③ 10ひく8は
　2
④ 2と2で4

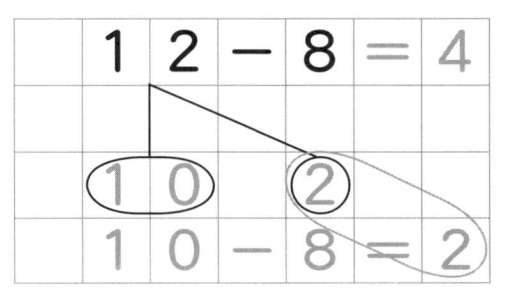

12-8＝4

10　2

10-8＝2

★おわったら やって みよう
こえに だして よみましょう。

57 くりさがりの ある ひきざん(2) ④

9 けいさん⑨ くりさがりの ある ひきざん

☆なぞりましょう。

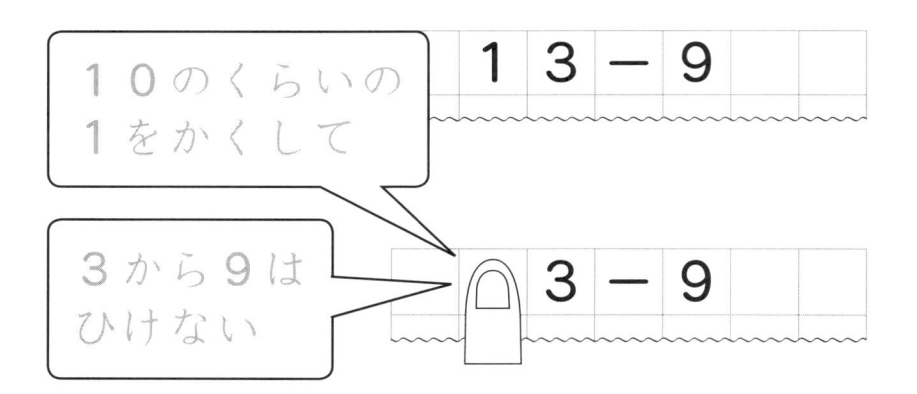

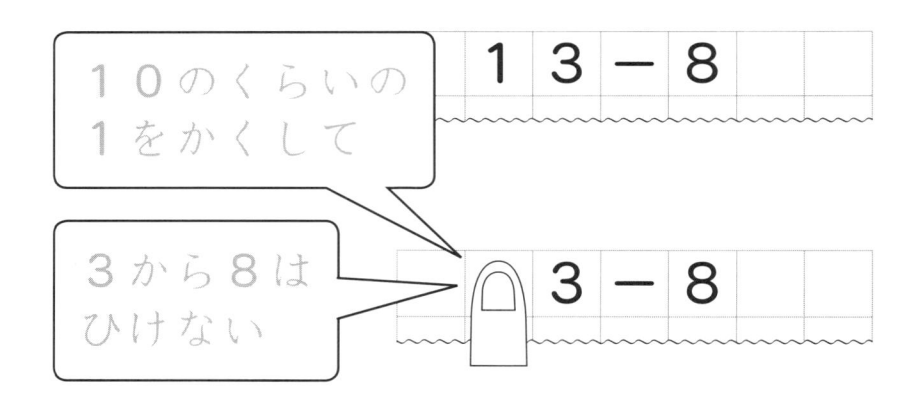

10のくらいの 1をかくして

3から9は ひけない

13-9

3-9

10のくらいの 1をかくして

3から8は ひけない

13-8

3-8

① さくらんぼ
② 13を10と 3にわける
③ 10ひく9は 1
④ 1と3で4

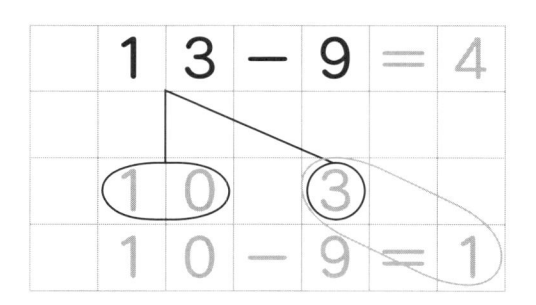

13-9=4
10 3
10-9=1

① さくらんぼ
② 13を10と 3にわける
③ 10ひく8は 2
④ 2と3で5

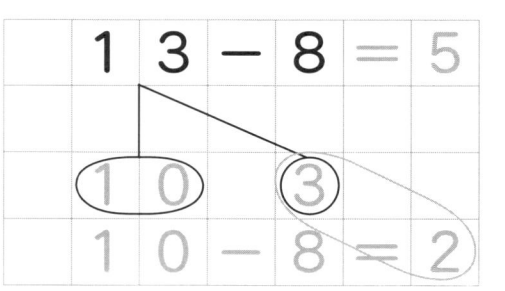

13-8=5
10 3
10-8=2

★おわったら やって みよう
こえに だして よみましょう。

58 くりさがりの ある ひきざん(2) ⑤

9 けいさん⑨ くりさがりの ある ひきざん

☆なぞりましょう。

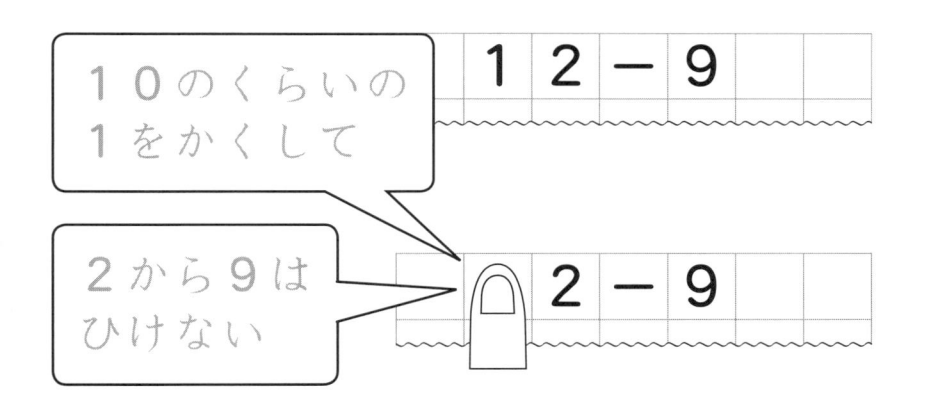

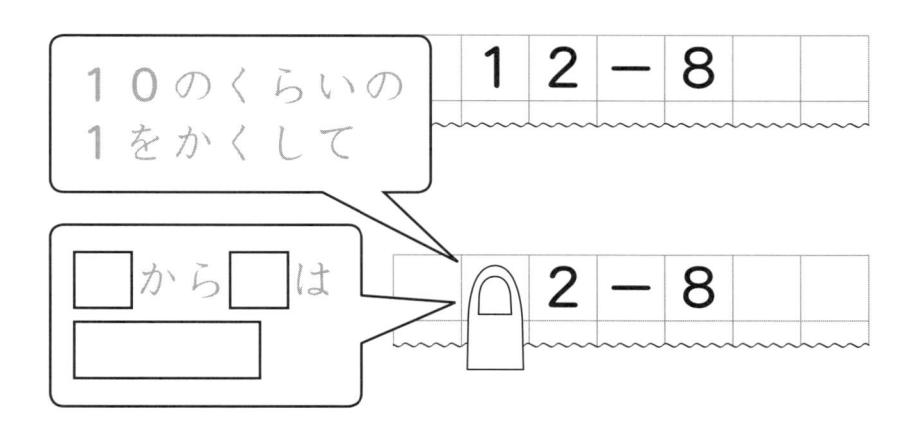

10のくらいの1をかくして → 12−9

2から9はひけない → 12−9

① さくらんぼ
② 12を10と2にわける
③ 10ひく9は1
④ 1と2で3

12−9＝
10 ○

10のくらいの1をかくして → 12−8

□から□は□ → 12−8

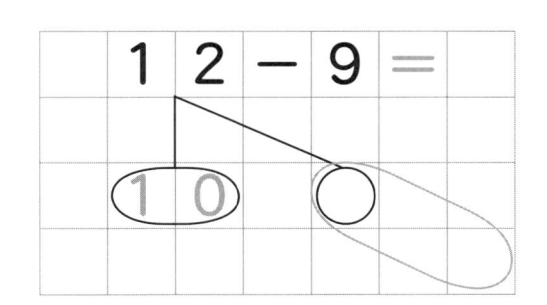

① さくらんぼ
② 12を10と2にわける
③ 10ひく8は2
④ 2と2で4

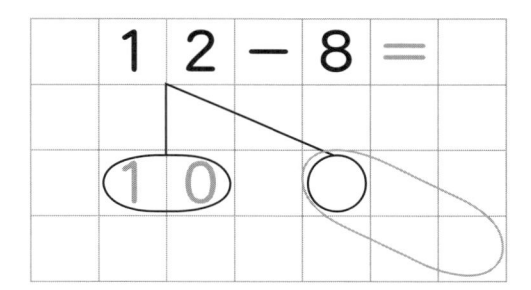

12−8＝
10 ○

★おわったら やって みよう
こえに だして よみましょう。

59 くりさがりの ある ひきざん(2) ⑥

9 けいさん⑨ くりさがりの ある ひきざん

☆なぞりましょう。

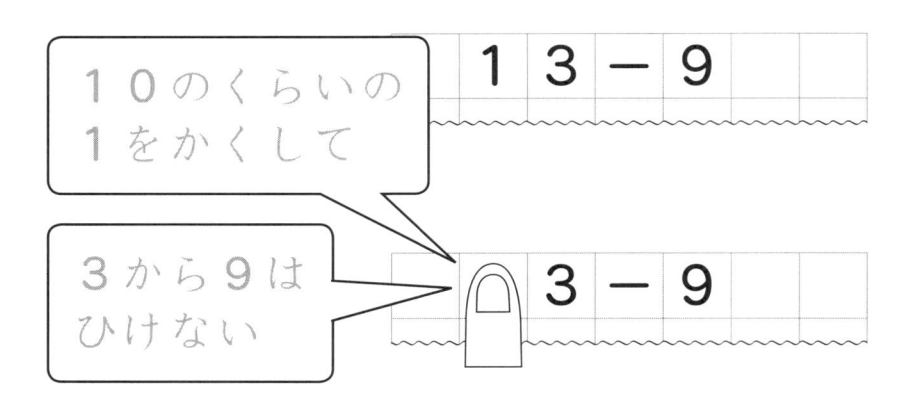

13-9

10のくらいの
1をかくして

3から9は
ひけない

3-9

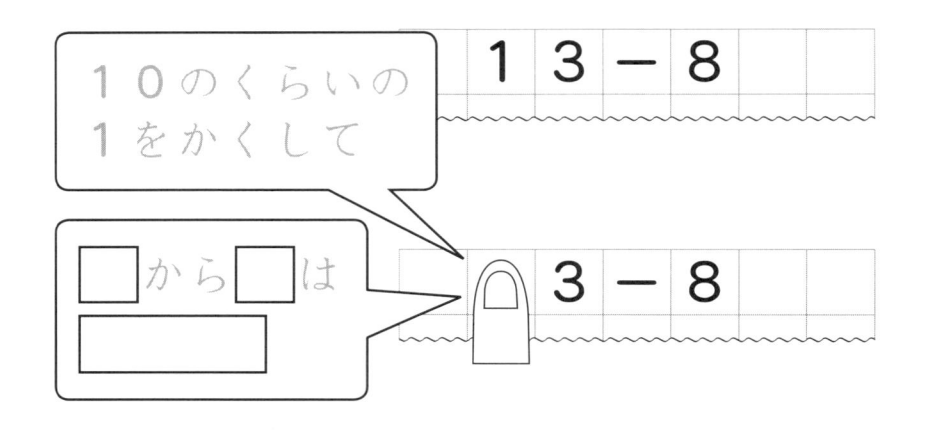

13-8

10のくらいの
1をかくして

□から□は

3-8

① さくらんぼ
② 13を10と3にわける
③ 10ひく9は1
④ 1と3で4

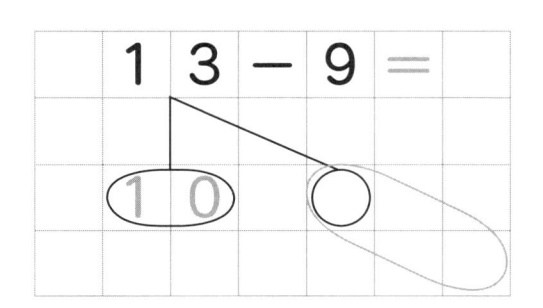

13-9=

10

① さくらんぼ
② 13を10と3にわける
③ 10ひく8は2
④ 2と3で5

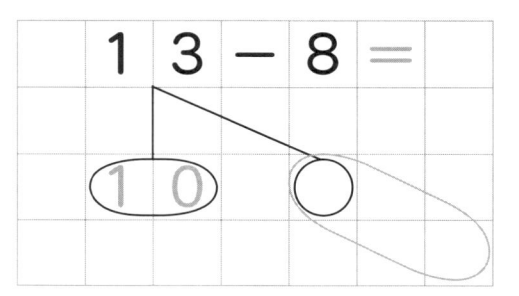

13-8=

10

★おわったら やって みよう
こえに だして よみましょう。

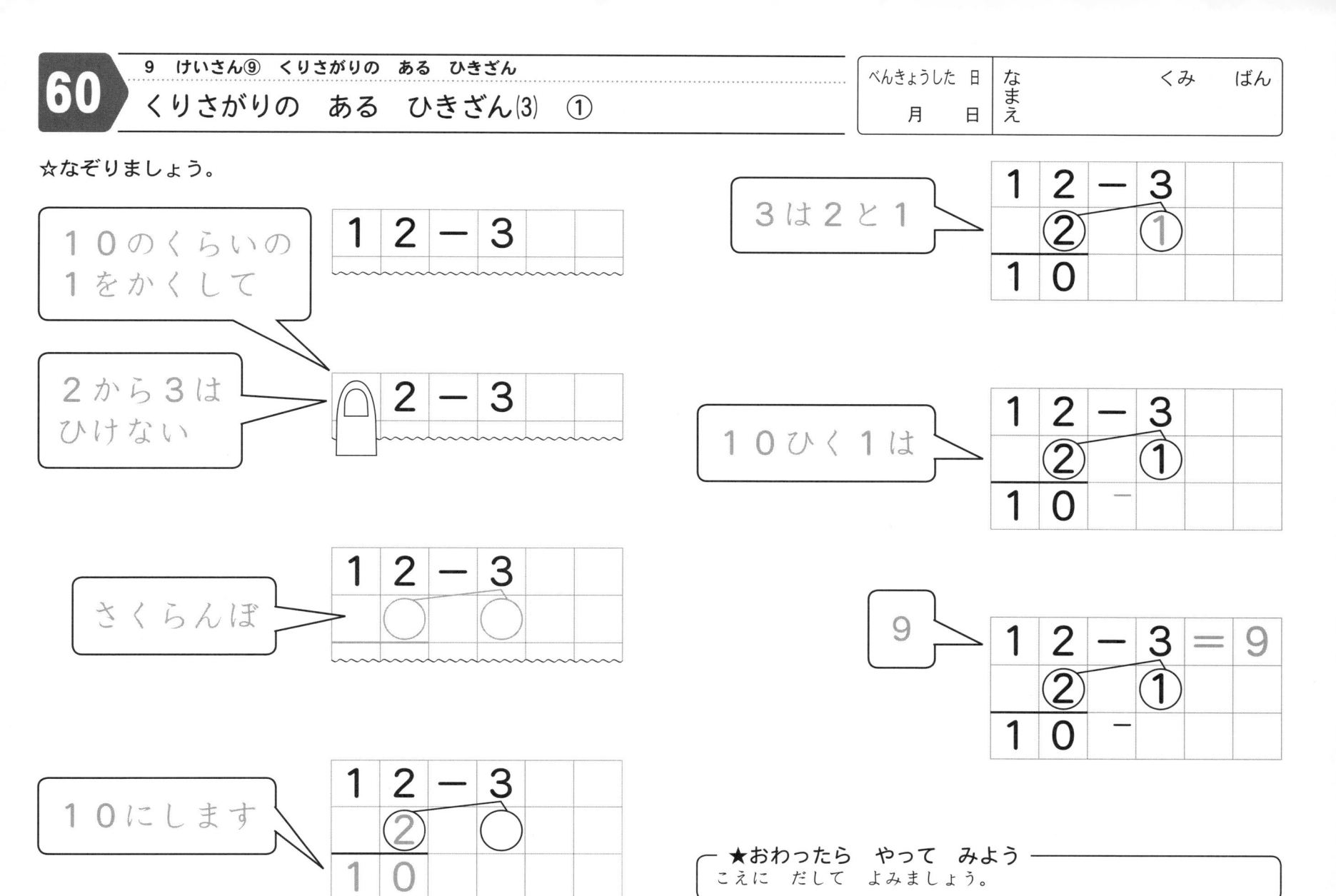

60　9　けいさん⑨　くりさがりの　ある　ひきざん
くりさがりの　ある　ひきざん(3)　①

☆なぞりましょう。

10のくらいの1をかくして

| 1 | 2 | − | 3 |

2から3はひけない

| | 2 | − | 3 |

さくらんぼ

| 1 | 2 | − | 3 |
| | ○ | | ○ |

10にします

1	2	−	3
	②		○
1	0		

3は2と1

1	2	−	3
		②	①
1	0		

10ひく1は

1	2	−	3
		②	①
1	0	−	

9

1	2	−	3	=	9
		②	①		
1	0	−			

★おわったら　やってみよう
こえに　だして　よみましょう。

61 くりさがりの ある ひきざん(3) ②

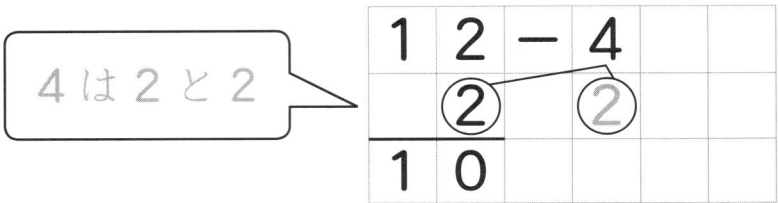

9 けいさん⑨ くりさがりの ある ひきざん

☆なぞりましょう。

- １０のくらいの １をかくして
- ２から４は ひけない
- さくらんぼ
- １０にします

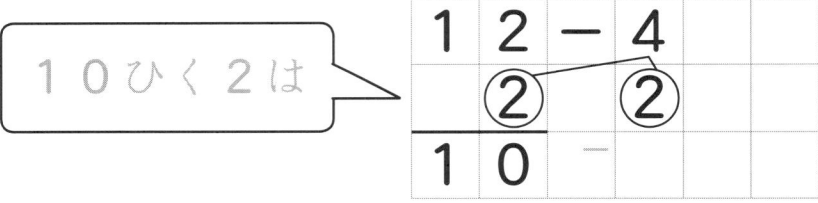

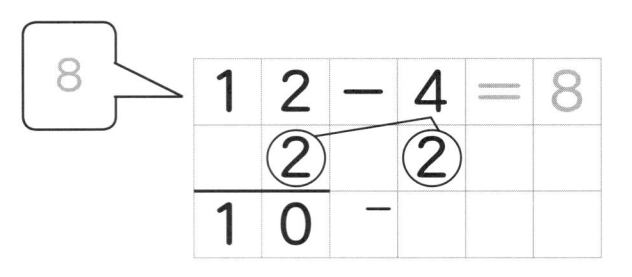

1	2	−	4
1	2	−	4
1	2	−	4
1	2	−	4
	②		
1	0		

- ４は２と２ → 12−4 ② ② / 10
- １０ひく２は → 12−4 ② ② / 10 −
- 8 → 12−4=8 ② ② / 10 −

★おわったら やって みよう
こえに だして よみましょう。

62

9 けいさん⑨ くりさがりの ある ひきざん

くりさがりの ある ひきざん(3) ③

べんきょうした 日　月　日　なまえ　くみ　ばん

☆なぞりましょう。

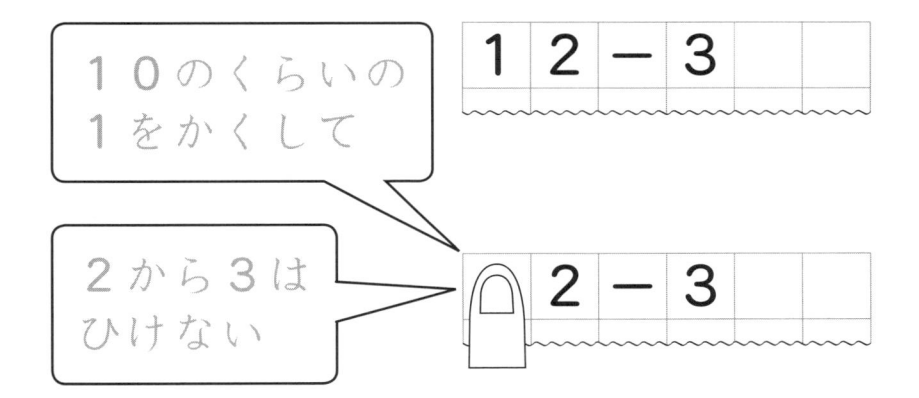

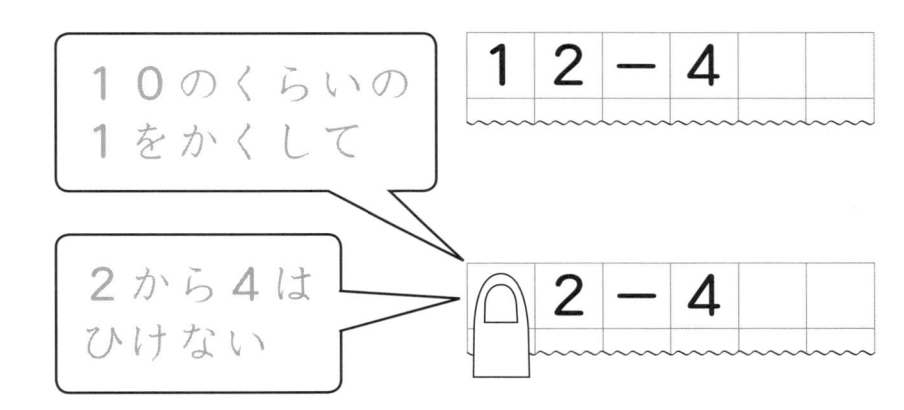

```
1 2 - 3
```

10のくらいの 1をかくして

2から3は ひけない

```
 2 - 3
```

```
1 2 - 4
```

10のくらいの 1をかくして

2から4は ひけない

```
 2 - 4
```

① さくらんぼ
② 10にします
③ 3は2と1
④ 10ひく1は9

```
1 2 - 3 =
    ②  ①
1 0 -
```

① さくらんぼ
② 10にします
③ 4は2と2
④ 10ひく2は8

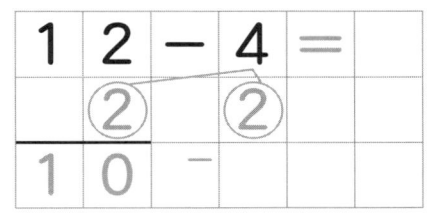

```
1 2 - 4 =
    ②  ②
1 0 -
```

★おわったら やって みよう
こえに だして よみましょう。

63 くりさがりの ある ひきざん⑶ ④

9 けいさん⑨ くりさがりの ある ひきざん

☆なぞりましょう。

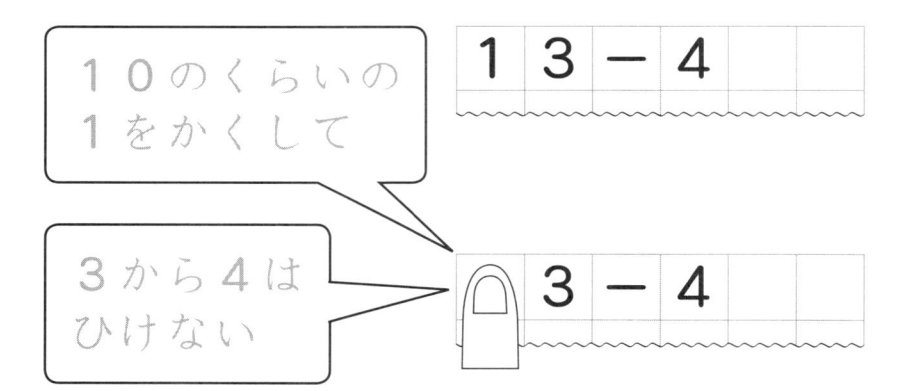

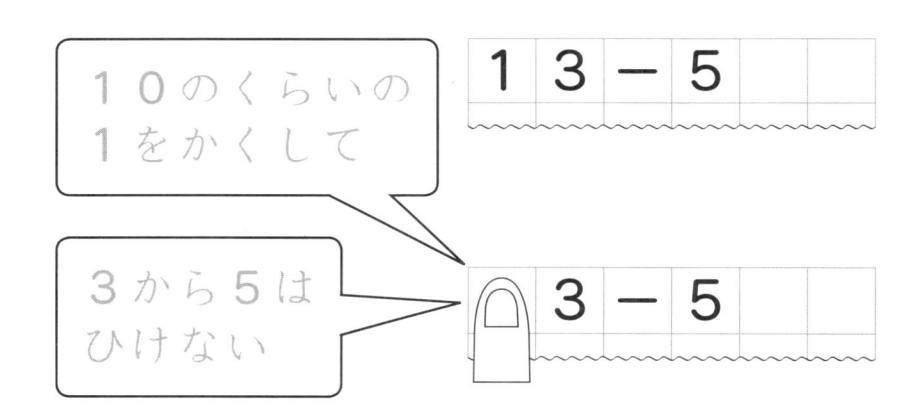

10のくらいの 1をかくして

3から4は ひけない

13-4

3-4

10のくらいの 1をかくして

3から5は ひけない

13-5

3-5

① さくらんぼ
② 10にします
③ 4は3と1
④ 10ひく1は9

13-4=
③ ①
10-

① さくらんぼ
② 10にします
③ 5は3と2
④ 10ひく2は8

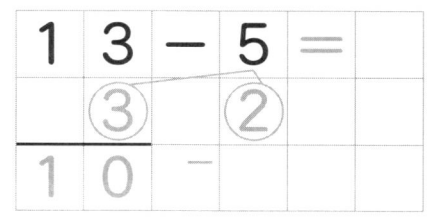

13-5=
③ ②
10-

―★おわったら やって みよう―
こえに だして よみましょう。

64 9 けいさん⑨ くりさがりの ある ひきざん
くりさがりの ある ひきざん⑶ ⑤

べんきょうした日　月　日　　なまえ　　くみ　ばん

☆なぞりましょう。

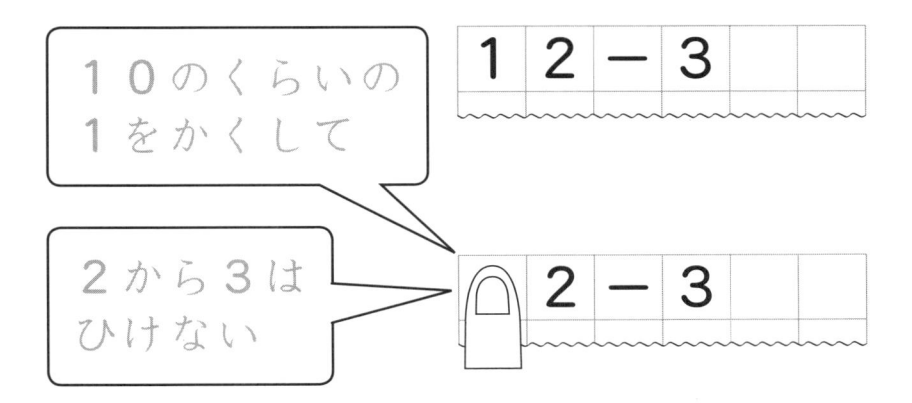

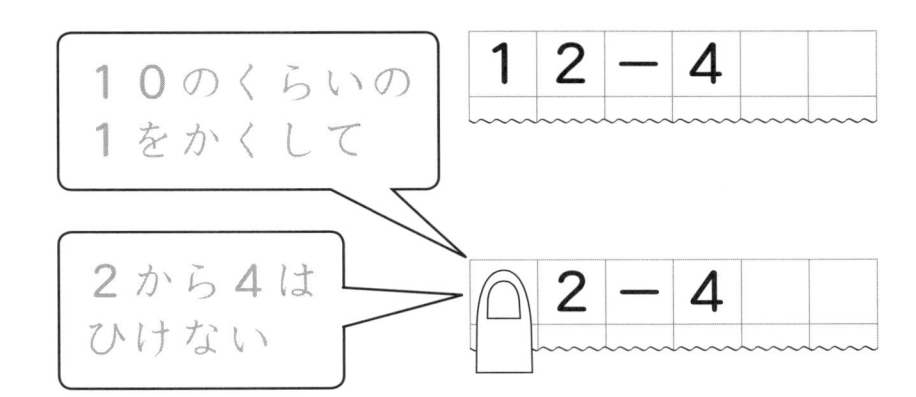

10のくらいの 1をかくして

1 2 − 3

2から3は ひけない

2 − 3

10のくらいの 1をかくして

1 2 − 4

2から4は ひけない

2 − 4

① さくらんぼ
② 10にします
③ 3は2と1
④ 10ひく1は9

1 2 − 3 =
② ○
10 −

① さくらんぼ
② 10にします
③ 4は2と2
④ 10ひく2は8

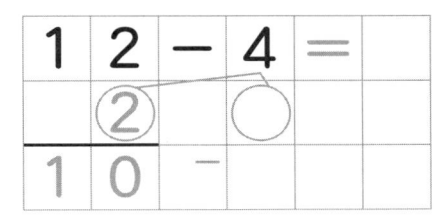

1 2 − 4 =
② ○
10 −

―★おわったら やって みよう―
こえに だして よみましょう。

65 くりさがりの ある ひきざん(3) ⑥

9 けいさん⑨ くりさがりの ある ひきざん

べんきょうした 日　月　日　なまえ　くみ　ばん

☆なぞりましょう。

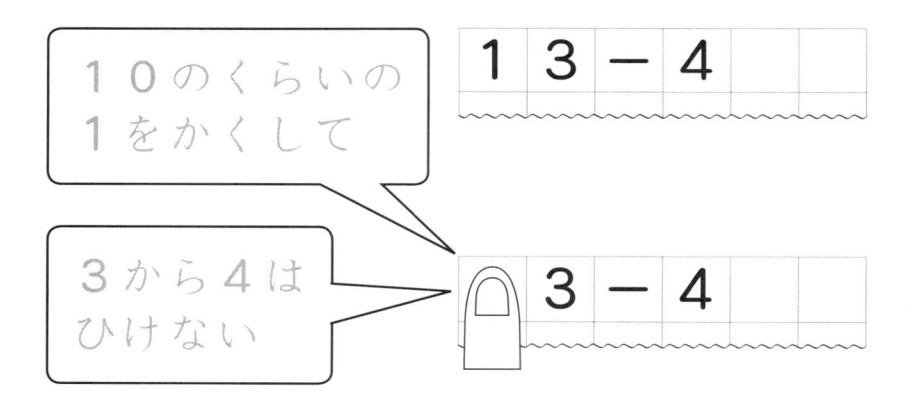

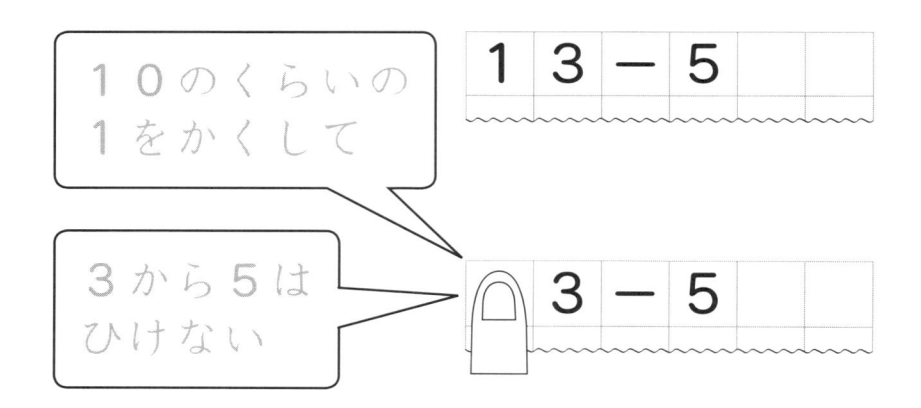

10のくらいの 1をかくして

3から4は ひけない

13 − 4

3 − 4

10のくらいの 1をかくして

3から5は ひけない

13 − 5

3 − 5

① さくらんぼ
② 10にします
③ 4は3と1
④ 10ひく1は9

13 − 4 =
10 −

① さくらんぼ
② 10にします
③ 5は3と2
④ 10ひく2は8

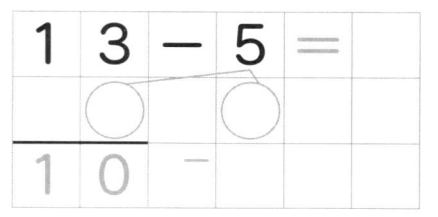

13 − 5 =
10 −

―★おわったら やって みよう―
こえに だして よみましょう。

66 くりさがりの ある ひきざん(4) ①

9 けいさん⑨ くりさがりの ある ひきざん

☆けいさんしましょう。

11 − 2 = 9

11 − 5

11 − 8

11 − 3

11 − 6

11 − 9

11 − 4

11 − 7

12 − 3

★おわったら やって みよう
こえに だして よみましょう。

67

9 けいさん⑨ くりさがりの ある ひきざん

くりさがりの ある ひきざん⑷ ②

べんきょうした 日　月　日　なまえ　　くみ　ばん

☆けいさんしましょう。

12 − 4

12 − 7

13 − 2

12 − 1

12 − 8

13 − 5

12 − 6

12 − 9

13 − 6

★おわったら やって みよう
こえに だして よみましょう。

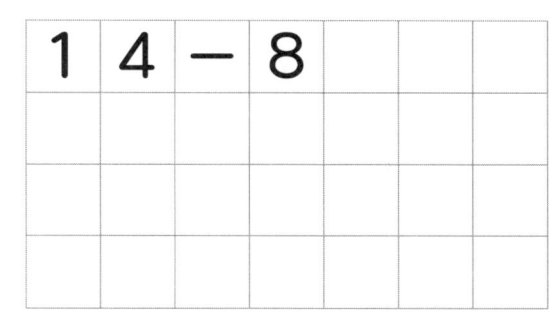

68 くりさがりの ある ひきざん(4) ③

9 けいさん⑨ くりさがりの ある ひきざん

☆けいさんしましょう。

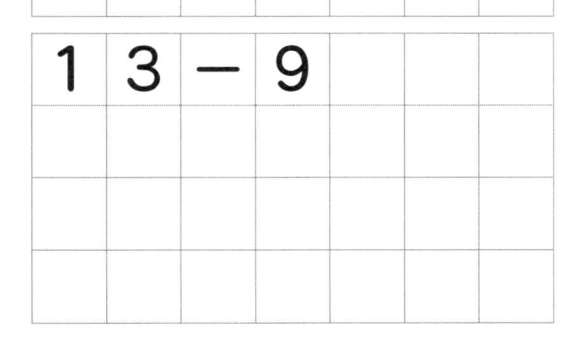

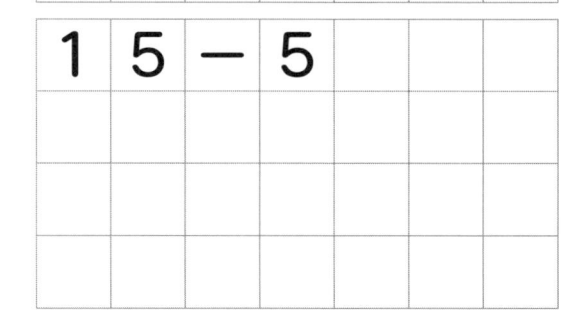

13 − 7

14 − 5

14 − 8

13 − 8

14 − 3

14 − 9

13 − 9

14 − 7

15 − 5

★おわったら やって みよう
こえに だして よみましょう。

69　くりさがりの　ある　ひきざん(4)　④

9　けいさん⑨　くりさがりの　ある　ひきざん

☆けいさんしましょう。

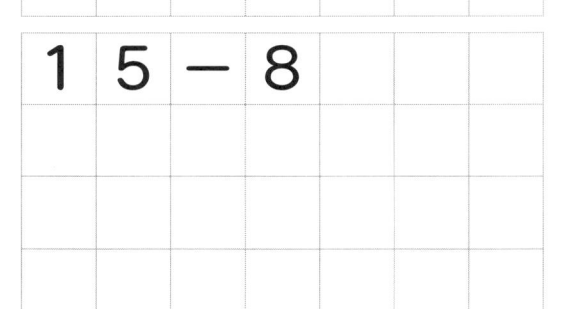

15 − 7

16 − 7

17 − 6

15 − 8

16 − 8

17 − 9

15 − 5

16 − 9

18 − 9

★おわったら　やって　みよう
こえに　だして　よみましょう。

70 ひきざん まとめ①

9 けいさん⑨ くりさがりの ある ひきざん

☆けいさんしましょう。

12 − 3

13 − 5

14 − 8

15 − 3

16 − 7

18 − 9

17 − 6

11 − 7

11 − 3

★おわったら やって みよう
こえに だして よみましょう。

71 ひきざん まとめ②

9 けいさん⑨ くりさがりの ある ひきざん

☆けいさんしましょう。

11 − 3

13 − 3

13 − 7

15 − 8

17 − 8

15 − 4

12 − 7

11 − 8

14 − 6

★おわったら やって みよう
こえに だして よみましょう。

72 ひきざん まとめ③

9 けいさん⑨ くりさがりの ある ひきざん

☆けいさんしましょう。

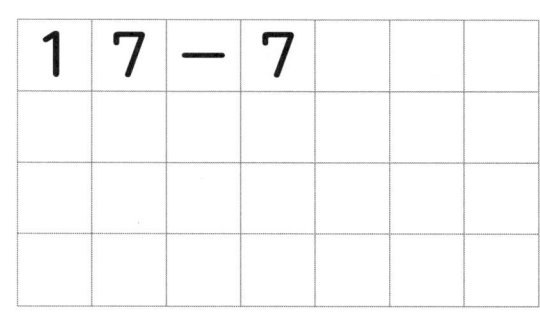

15 − 6

11 − 5

17 − 7

16 − 9

13 − 9

11 − 1

12 − 4

13 − 4

14 − 2

★おわったら やって みよう
こえに だして よみましょう。

73 ひきざん まとめ④

9 けいさん⑨ くりさがりの ある ひきざん

☆けいさんしましょう。

12 − 6

11 − 9

13 − 9

15 − 7

19 − 9

17 − 6

17 − 9

12 − 8

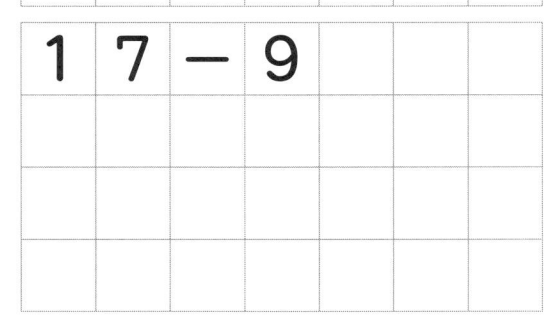

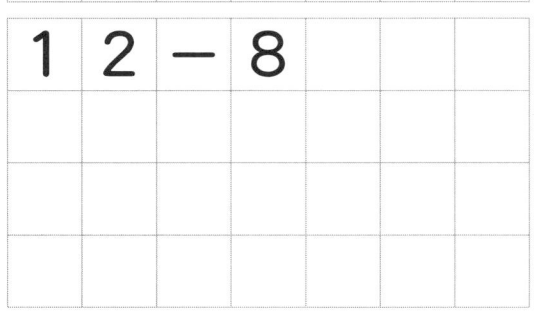

13 − 2

★おわったら やって みよう
こえに だして よみましょう。

74 ひきざん まとめ⑤

9 けいさん⑨ くりさがりの ある ひきざん

☆けいさんしましょう。

11 − 2

14 − 9

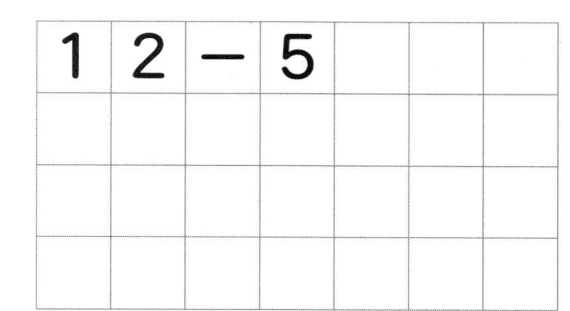

12 − 5

16 − 8

15 − 4

14 − 7

16 − 3

14 − 5

12 − 9

★おわったら やって みよう
こえに だして よみましょう。

75　ひきざん　まとめ⑥

9　けいさん⑨　くりさがりの　ある　ひきざん

べんきょうした 日　　月　　日　　なまえ　　くみ　ばん

☆けいさんしましょう。

18 − 2

15 − 9

16 − 8

11 − 6

15 − 3

13 − 8

13 − 6

12 − 8

14 − 8

★おわったら　やって　みよう
こえに　だして　よみましょう。

76 たしざん・ひきざん　まとめ①

10　けいさん⑩　たしざん・ひきざん　まとめ

☆けいさんしましょう。

| 2 + 1 | 3 + 2 | 1 + 3 |

| 2 − 1 | 3 − 2 | 4 − 3 |

| 4 + 3 | 6 − 3 | 5 + 4 |

| 8 − 4 | 2 + 4 | 7 − 1 |

| 3 + 5 | 9 − 5 | 4 + 5 |

★おわったら　やって　みよう
こえに　だして　よみましょう。

77 たしざん・ひきざん まとめ②

10 けいさん⑩ たしざん・ひきざん まとめ

☆けいさんしましょう。

$1+6$　　　　$5-4$　　　　$3+4$

$7-5$　　　　$2+7$　　　　$9-8$

$6+2$　　　　$8-2$　　　　$4+4$

$5-1$　　　　$4+1$　　　　$6-5$

$3+6$　　　　$7-4$　　　　$7+1$

★おわったら やって みよう
こえに だして よみましょう。

78 10 けいさん⑩ たしざん・ひきざん まとめ
たしざん・ひきざん　まとめ③

べんきょうした 日	なまえ	くみ　ばん
月　　日		

☆けいさんしましょう。

9 ＋ 3	1 1 － 3	8 ＋ 4
1 2 － 5	7 ＋ 7	1 1 － 4
6 ＋ 5	1 5 － 6	9 ＋ 4
1 3 － 6	8 ＋ 6	1 1 － 5
6 ＋ 6	1 6 － 7	8 ＋ 7

★おわったら やって みよう
こえに だして よみましょう。

79 たしざん・ひきざん まとめ④

10 けいさん⑩ たしざん・ひきざん まとめ

☆けいさんしましょう。

$2+9$	$12-9$	$3+8$
$14-7$	$5+8$	$17-8$
$4+7$	$13-5$	$4+9$
$15-8$	$7+9$	$16-8$
$5+6$	$14-5$	$3+9$

★おわったら やって みよう
こえに だして よみましょう。

80　10 けいさん⑩　たしざん・ひきざん　まとめ
たしざん・ひきざん　まとめ⑤

☆けいさんしましょう。

6＋8	12－2	5＋5
11－8	8＋9	17－6
2＋6	14－9	6＋4
15－5	7＋0	10－8
8＋2	15－9	5＋9

★おわったら　やって　みよう
こえに　だして　よみましょう。

81 たしざん・ひきざん まとめ⑥

10 けいさん⑩ たしざん・ひきざん まとめ

☆けいさんしましょう。

$0 + 8$ $8 - 7$ $10 + 3$

$10 - 3$ $9 + 8$ $13 - 1$

$5 + 2$ $18 - 9$ $6 + 9$

$13 - 9$ $7 + 5$ $9 - 2$

$1 + 9$ $4 - 2$ $9 + 9$

★おわったら やって みよう
こえに だして よみましょう。

82 たしざん・ひきざん まとめ⑦

10 けいさん⑩ たしざん・ひきざん まとめ

☆けいさんしましょう。

1 + 1	8 − 1	7 + 8
1 2 − 7	5 + 0	1 6 − 4
9 + 6	1 6 − 9	8 + 5
1 3 − 4	5 + 7	1 1 − 7
4 + 8	1 0 − 5	4 + 6

★おわったら やって みよう
こえに だして よみましょう。

83 たしざん・ひきざん まとめ⑧

10 けいさん⑩ たしざん・ひきざん まとめ

☆けいさんしましょう。

7 + 6　　　4 − 1　　　0 + 10

9 − 9　　　9 + 5　　　13 − 7

9 + 2　　　14 − 6　　　5 + 3

14 − 3　　　8 + 8　　　8 − 0

6 + 3　　　11 − 9　　　9 + 7

★おわったら やって みよう
こえに だして よみましょう。

84 たしざん・ひきざん まとめ⑨

10 けいさん⑩ たしざん・ひきざん まとめ

☆けいさんしましょう。

3 + 7   4 − 0   10 + 6

11 − 6   7 + 4   13 − 0

0 + 2   12 − 3   7 + 3

8 − 6   2 + 3   10 − 1

9 + 1   17 − 9   8 + 4

★おわったら やって みよう
こえに だして よみましょう。

85　たしざん・ひきざん　まとめ⑩

10　けいさん⑩　たしざん・ひきざん　まとめ

☆けいさんしましょう。

$2+8$　　　　　$12-8$　　　　　$0+6$

$13-8$　　　　　$9+0$　　　　　$14-8$

$8+5$　　　　　$12-5$　　　　　$8+6$

$0-0$　　　　　$3+1$　　　　　$10-0$

$7+5$　　　　　$11-3$　　　　　$7+2$

★おわったら　やって　みよう
こえに　だして　よみましょう。

86　3つの　かずの　けいさん(1)　①

11　けいさん⑪　3つの　かずの　けいさん

1　なぞりましょう。

1 + 2 + 2

① さくらんぼ

(1)+(2)+ 2
　○

1 + 2 = 3

② たす

(1)+(2)+ 2
　(3)　＋ 2 ＝ 5

③ うつす

(1)+(2)+ 2 ＝ 5
　(3)　＋ 2 ＝ 5

2　けいさんしましょう。

① (3)+(5)+ 1 ＝ □
　 (8)　＋ 1 ＝ □

② (6)+(1)+ 2 ＝ □
　 (7)　＋ □ ＝ □

③ (5)+(3)+ 2 ＝ □
　 ○　＋ □ ＝ □

④ 1 + 2 + 5

★おわったら　やって　みよう
ひゃくだまそろばんで　たしかめよう。

87　3つの かずの けいさん(1) ②

11 けいさん⑪　3つの かずの けいさん

1　なぞりましょう。

5 − 2 − 1

① さくらんぼ

⑤−②−1

② ひく

⑤−②−1
③

5 − 2 = 3

③

③ うつす

⑤−②−1 = 2
③ − 1 = 2

2　けいさんしましょう。

① ⑧−②−2 = ☐
　⑥　− 2 = ☐

② ⑨−④−3 = ☐
　⑤　− ☐ = ☐

③ ⑧−⑤−1 = ☐
　○　− ☐ = ☐

④ 7 − 3 − 2

★おわったら やって みよう
ひゃくだまそろばんで たしかめよう。

88　3つの　かずの　けいさん(1)　③

11　けいさん⑪　3つの　かずの　けいさん

1　なぞりましょう。

8 － 6 ＋ 5

① さくらんぼ

⑧ － ⑥ ＋ 5　　　　8 － 6 ＝ 2

② のこりの　けいさん

⑧ － ⑥ ＋ 5
　↓
　②　＋ 5 ＝ 7

③ うつす

⑧ － ⑥ ＋ 5 ＝ 7
　↓　　　↑
　②　＋ 5 ＝ 7

2　けいさんしましょう。

① ⑨ － ⑦ ＋ 4 ＝ □
　　②　＋ 4 ＝ □

② ⑦ － ② ＋ 3 ＝ □
　　⑤　＋ □ ＝ □

③ ③ ＋ ⑦ － 9 ＝ □
　　　　－ □ ＝ □

④ 8 － 3 ＋ 4

―★おわったら　やって　みよう―
ひゃくだまそろばんで　たしかめよう。

89　3つの　かずの　けいさん(2)　①

11　けいさん⑪　3つの　かずの　けいさん

1　なぞりましょう。

3びき　のっています。　2ひき　のりました。　また，4ひき　のりました。　なんびきに　なった でしょう。

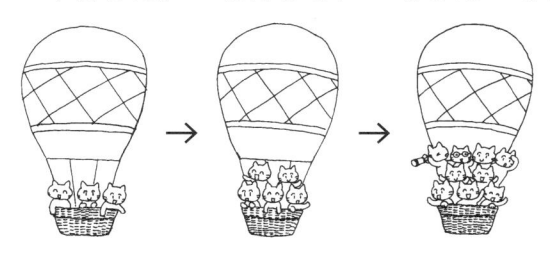

しき　3 + 2 + 4 = 9

こたえ　9ひき

2　けいさんしましょう。

2ひき　のっています。　3びき　のりました。　また，1ぴき　のりました。　なんびきに　なった でしょう。

しき　2 + 3 + ☐ = 6

こたえ　6ぴき

3　けいさんしましょう。

4ひき　のっています。　2ひき　のりました。　また，1ぴき　のりました。　なんびきに　なった でしょう。

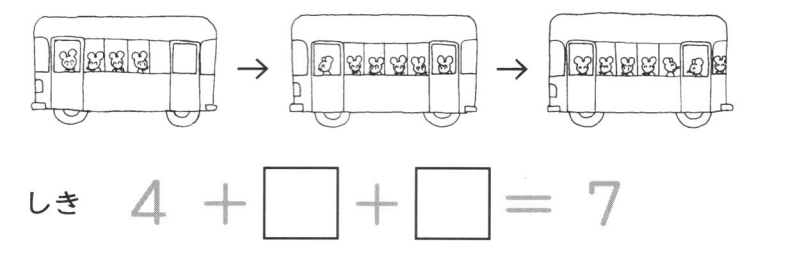

しき　4 + ☐ + ☐ = 7

こたえ　7ひき

4　けいさんしましょう。

3びき　のっています。　2ひき　のりました。　また，4ひき　のりました。　なんびきに　なった でしょう。

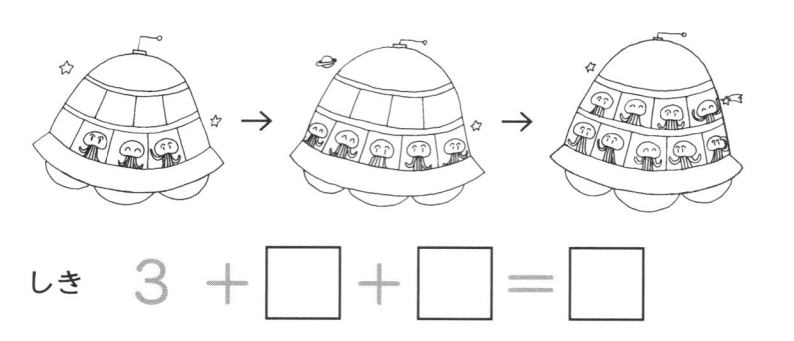

しき　3 + ☐ + ☐ = ☐

こたえ　　ひき

90　3つの　かずの　けいさん(2)　②

11　けいさん⑪　3つの　かずの　けいさん

1　なぞりましょう。

とりが，10わ　いました。　3わ　とんで　いきました。また　4わ，とんで　いきました。　なんわに　なったでしょう。

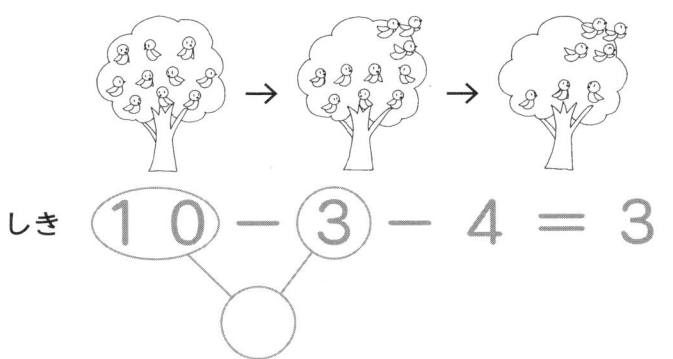

しき　10 − 3 − 4 ＝ 3

こたえ　3わ

2　けいさんしましょう。

とりが，9わ　いました。　3わ　とんで　いきました。また　2わ，とんで　いきました。　なんわに　なったでしょう。

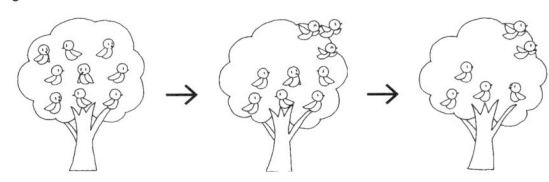

しき　9 − 3 − □ ＝ 4

こたえ　4わ

3　けいさんしましょう。

とりが，8わ　いました。　2わ　とんで　いきました。また　4わ，とんで　いきました。　なんわに　なったでしょう。

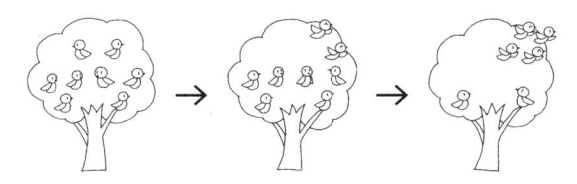

しき　8 − □ − □ ＝ 2

こたえ　2わ

4　けいさんしましょう。

とりが，9わ　いました。　4わ　とんで　いきました。また　2わ，とんで　いきました。　なんわに　なったでしょう。

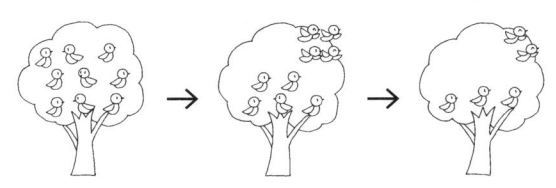

しき　9 − □ − □ ＝ □

こたえ　　わ

91　3つの　かずの　けいさん(2)　③

11　けいさん⑪　3つの　かずの　けいさん

1　なぞりましょう。

8にん　いました。　4にん　かえりました。
3にん　きました。　なんにんに　なったでしょう。

しき　⑧ − ④ + 3 = 7

こたえ　7にん

2　けいさんしましょう。

ちょうが，4ひき　いました。　3びき　とんで　いきました。
2ひき　とんで　きました。　なんびきに　なった　でしょう。

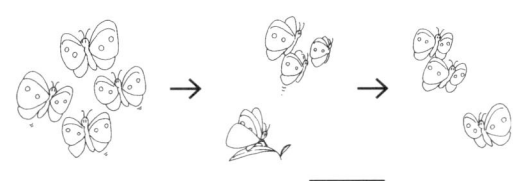

しき　4 − 3 + □ = 3

こたえ　3ひき

3　けいさんしましょう。

とりが，7わ　いました。　3わ　とんで　いきました。
4わ，とんで　きました。　なんわに　なった　でしょう。

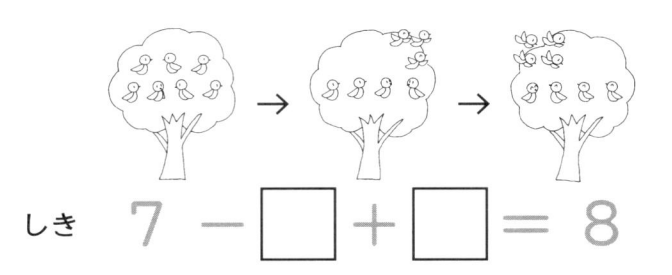

しき　7 − □ + □ = 8

こたえ　8わ

4　けいさんしましょう。

さるが，5ひき　いました。　1ぴき　かえりました。
3びき　きました。　なんびきに　なった　でしょう。

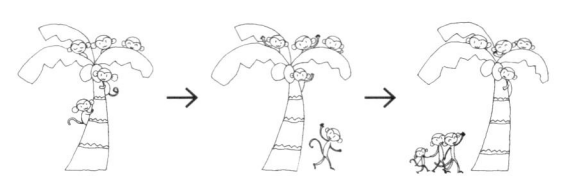

しき　5 − □ + □ = □

こたえ　□ひき

92 12 けいさん⑫ 100までの かず
100までの かず①

10	が	1こで	10
10	が	2こで	20
10	が	3こで	30
10	が	4こで	40
10	が	5こで	50
10	が	6こで	60
10	が	7こで	70
10	が	8こで	80
10	が	9こで	90
10	が	10こで	100

	が	1こで	
	が	2こで	
	が	3こで	
	が	4こで	
	が	5こで	
	が	6こで	
	が	7こで	
	が	8こで	
	が	9こで	
	が	10こで	

★おわったら やって みよう
こえに だして よみましょう。

93　100までの　かず②

12　けいさん⑫　100までの　かず

10	が	2こで	20
10	が	5こで	50
10	が	3こで	30
10	が	6こで	60
10	が	8こで	80
10	が	1こで	10
10	が	4こで	40
10	が	7こで	70
10	が	9こで	90
10	が10こで	100

□	が	5こで	□
□	が	2こで	□
□	が	8こで	□
□	が	6こで	□
□	が	3こで	□
□	が	1こで	□
□	が	7こで	□
□	が	4こで	□
□	が	9こで	□
□	が10こで	□

★おわったら　やって　みよう
こえに　だして　よみましょう。

94 100までの かず③

12 けいさん⑫ 100までの かず

☆ □に すうじを かきましょう。

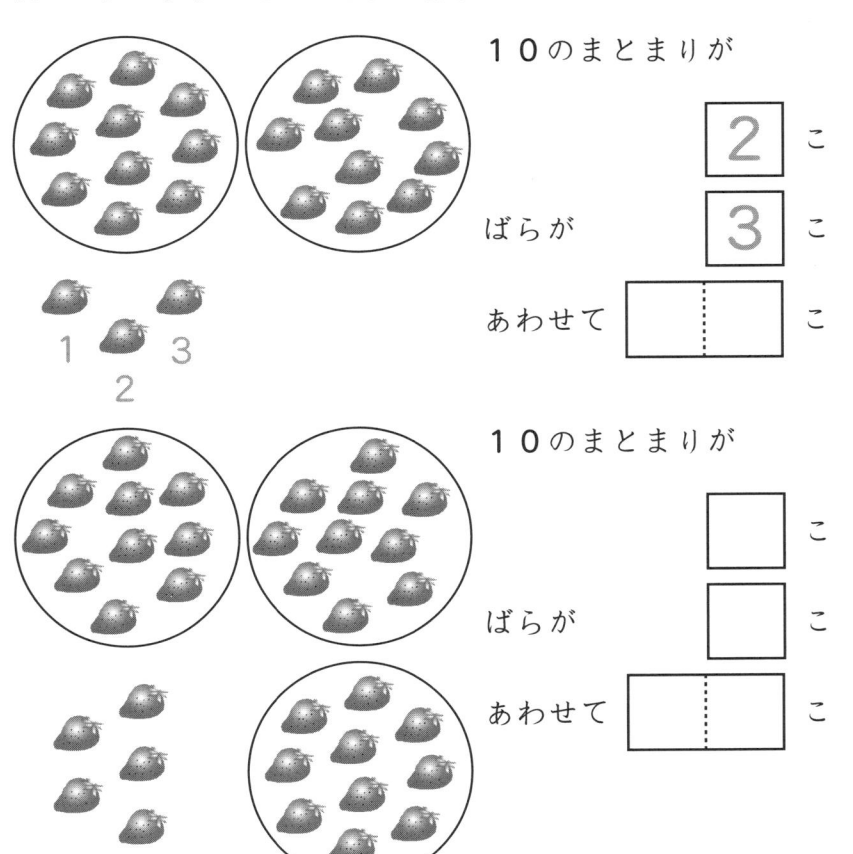

10の まとまりが [2] こ
ばらが [3] こ
あわせて [|] こ

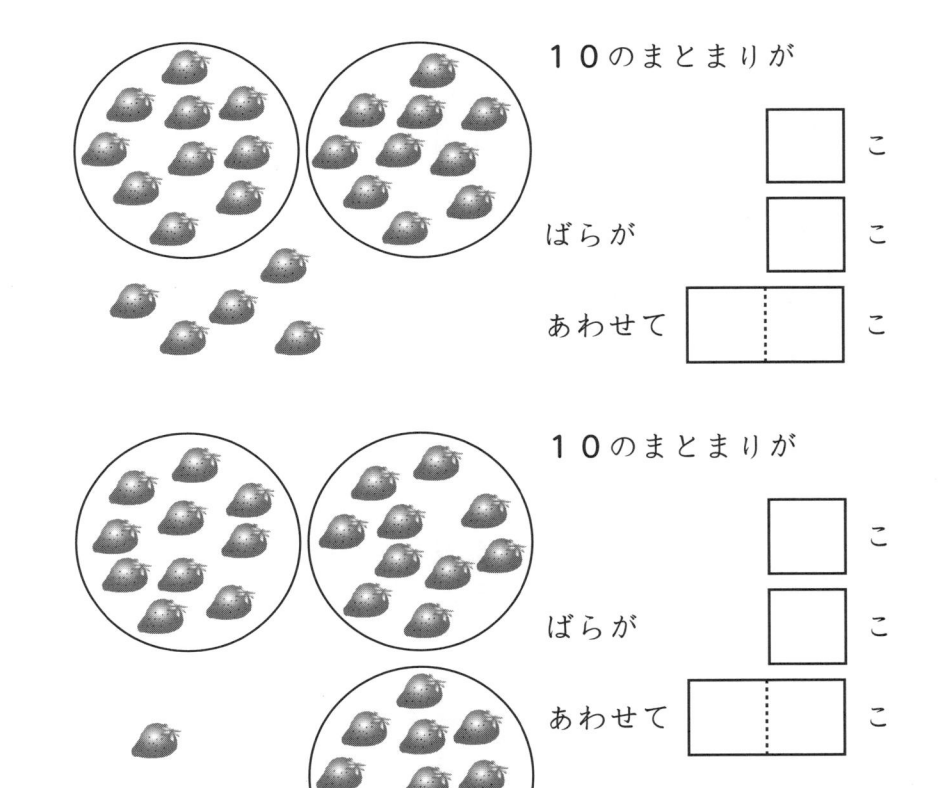

10の まとまりが [ ] こ
ばらが [ ] こ
あわせて [|] こ

10の まとまりが [ ] こ
ばらが [ ] こ
あわせて [|] こ

10の まとまりが [ ] こ
ばらが [ ] こ
あわせて [|] こ

★おわったら やって みよう
こえに だして よみましょう。

95　100までの　かず④

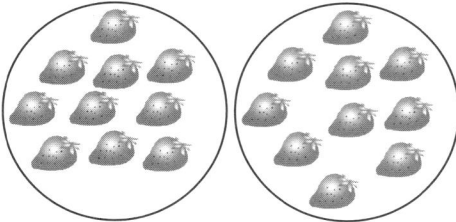

12　けいさん⑫　100までの　かず

べんきょうした 日　月　日　なまえ　　　くみ　ばん

☆　□に　すうじを　かきましょう。

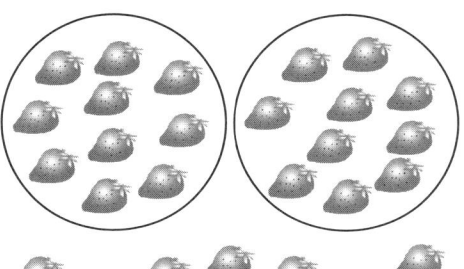

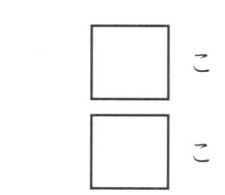

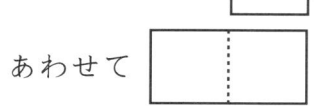

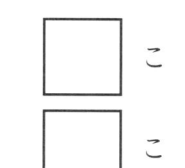

10のまとまりが　□こ
ばらが　□こ
あわせて　□|□こ

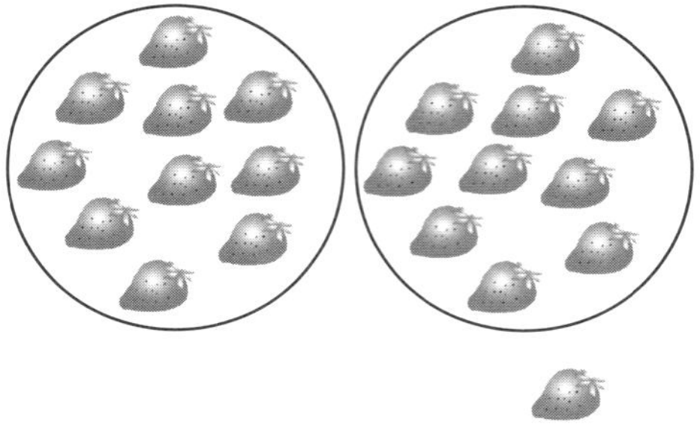

1　2　3　4　5　6　7

10のまとまりが　□こ
ばらが　□こ
あわせて　□|□こ

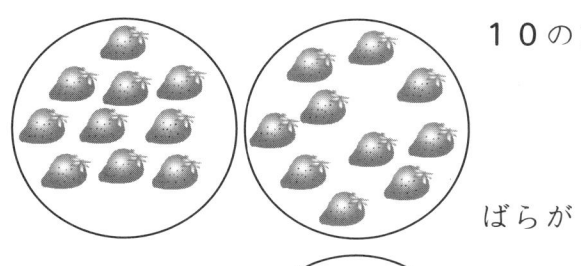

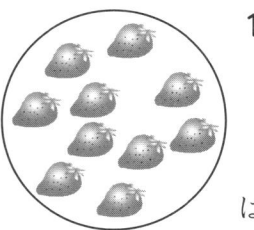

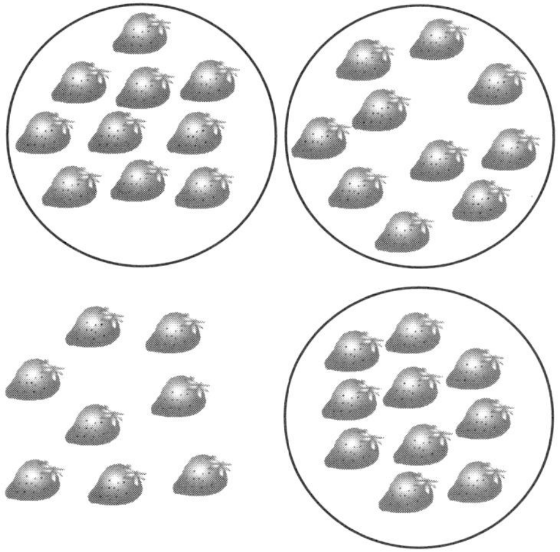

10のまとまりが　□こ
ばらが　□こ
あわせて　□|□こ

10のまとまりが　□こ
ばらが　□こ
あわせて　□|□こ

―★おわったら　やって　みよう―
こえに　だして　よみましょう。

96　100までの　かず⑤

12　けいさん⑫　100までの　かず

べんきょうした日　月　日　なまえ　　　くみ　ばん

☆　□に　すうじを　かきましょう。

１０のまとまりが　□こ
ばらが　□こ
あわせて　□こ

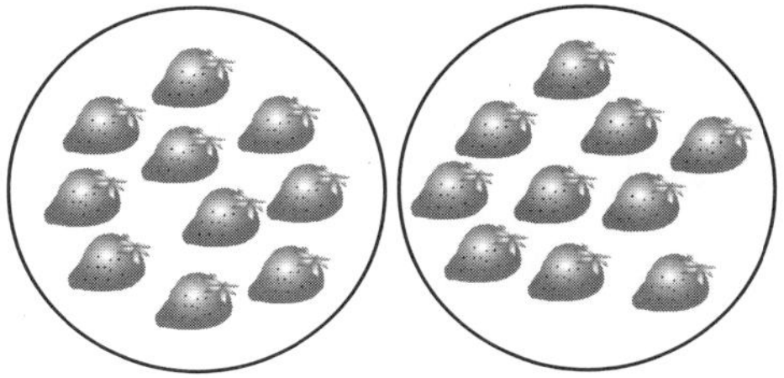

１０のまとまりが　□こ
ばらが　□こ
あわせて　□こ

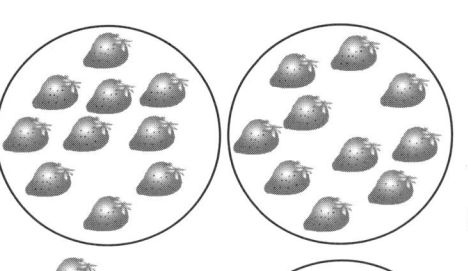

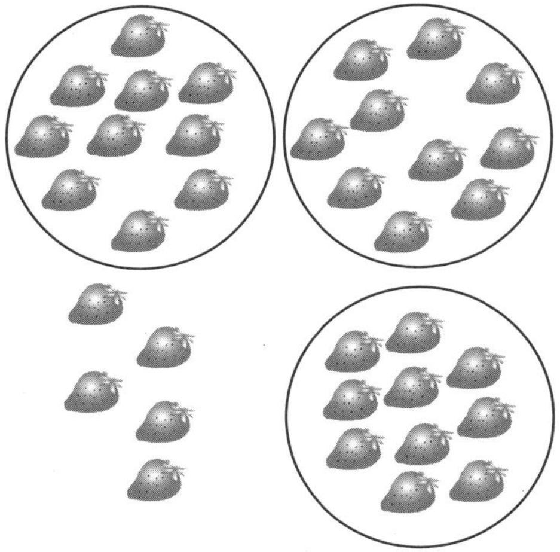

１０のまとまりが　□こ
ばらが　□こ
あわせて　□こ

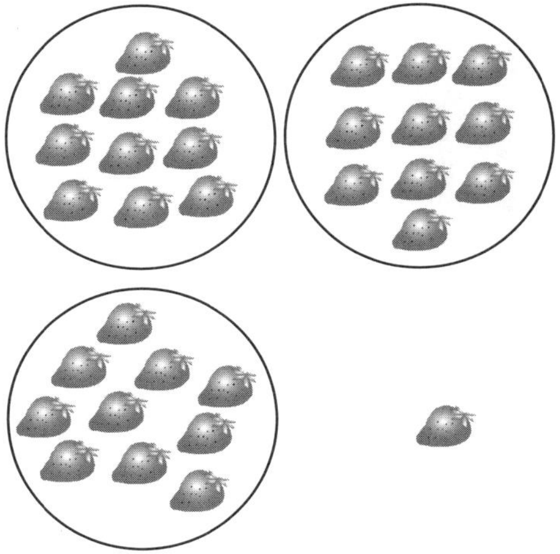

１０のまとまりが　□こ
ばらが　□こ
あわせて　□こ

★おわったら　やって　みよう
こえに　だして　よみましょう。

97　100までの　かず⑥

12　けいさん⑫　100までの　かず

☆　□に　すうじを　かきましょう。

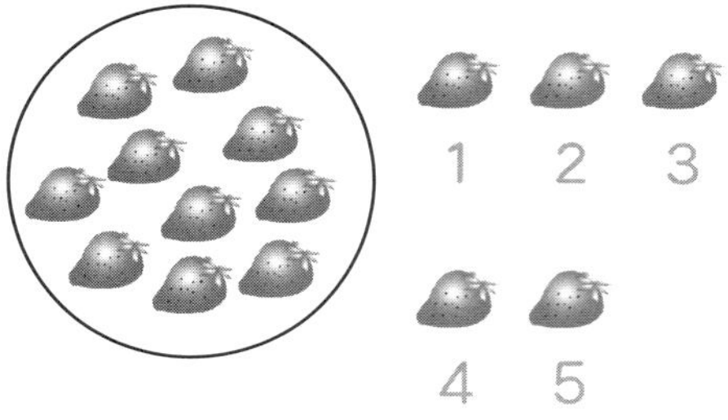

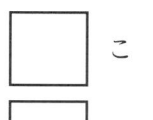

10のまとまりが　□こ
ばらが　□こ
あわせて　□|□こ

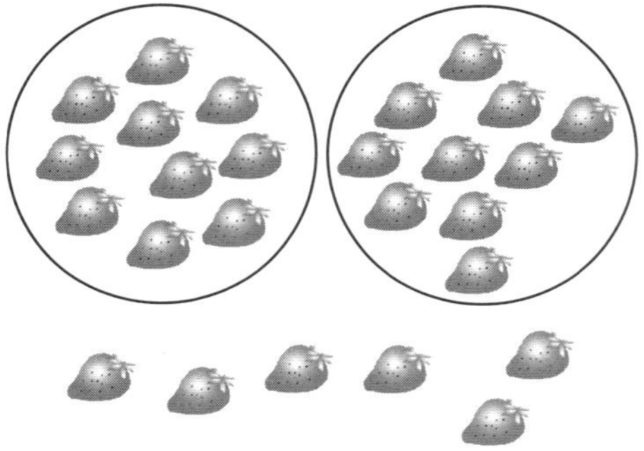

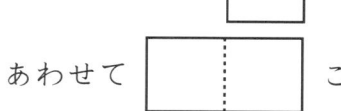

10のまとまりが　□こ
ばらが　□こ
あわせて　□|□こ

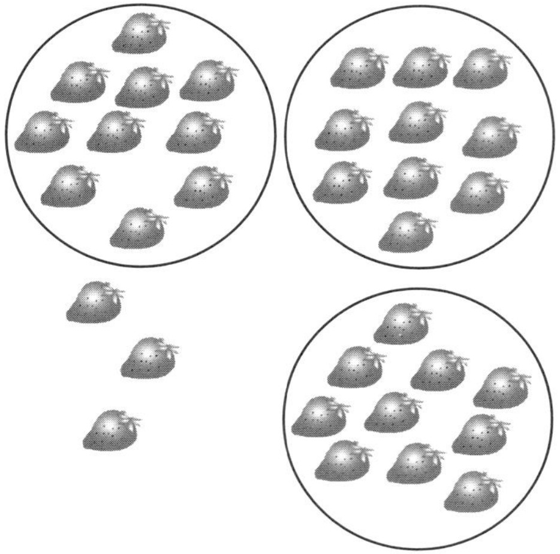

10のまとまりが　□こ
ばらが　□こ
あわせて　□|□こ

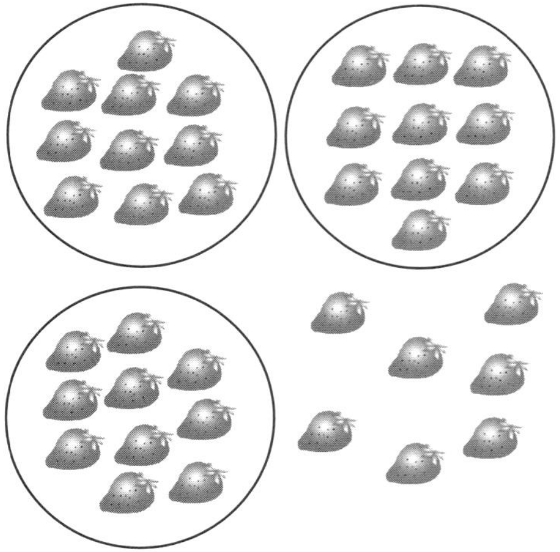

10のまとまりが　□こ
ばらが　□こ
あわせて　□|□こ

★おわったら　やって　みよう
こえに　だして　よみましょう。

98 どんな かずが はいるかな①

13 けいさん⑬ どんな かずが はいるかな

☆うすい ところは なぞり，□には かずを いれましょう。

1 - 2 - □ - 4 - 5 - □ - 7 - 8

3 - □ - 5 - 6 - □ - 8 - 9 - □

9 - 8 - □ - 6 - 5 - □ - □ - 2

10 - 9 - □ - □ - 6 - 5 - □

4 - 5 - □ - □ - 8 - □ - 10

11 - 12 - □ - □ - □ - 15

20 - □ - □ - 18 - □ - □ - 16

2 - 4 - 6 - □ - 10 - □ - 14

6 - 8 - □ - □ - 12 - 14 - □

10 - □ - □ - 14 - □ - □ - 18

1 - 3 - 5 - □ - 9 - □ - 13

3 - 6 - 9 - □ - □ - 15 - 18

4 - 8 - 12 - □ - □ - 20 - 24

5 - □ - □ - 15 - 20 - □ - 30

★おわったら やって みよう
すうじを よみましょう。

99 どんな かずが はいるかな②

13 けいさん⑬ どんな かずが はいるかな

☆うすい ところは なぞり、□には かずを いれましょう。

3 - 4 - □ - 6 - 7 - □ - 9 - □

9 - □ - 7 - 6 - □ - 4 - □ - □

1 - □ - □ - 5 - □ - □ - 8

10 - □ - □ - □ - 6 - □ - 4

3 - 5 - □ - 9 - □ - □ - 13 - □

10 - 15 - □ - □ - □ - 30

16 - □ - □ - 18 - □ - □ - 20

1 - 3 - □ - 7 - □ - 11 - □

7 - □ - 11 - □ - □ - 15 - □

11 - □ - □ - 15 - □ - □ - 19

2 - □ - 6 - □ - 10 - □ - 14

4 - □ - 8 - □ - □ - 12 - 14

6 - □ - 10 - □ - □ - 14 - □

5 - □ - 15 - □ - 25 - □

★おわったら やって みよう
すうじを よみましょう。

100 13 けいさん⑬ どんな かずが はいるかな
どんな かずが はいるかな③

☆うすい ところは なぞり，□には かずを いれましょう。

| 2 | □ | □ | 5 | □ | 7 | □ | □ |

| 8 | □ | 6 | 5 | □ | □ | 2 | □ |

| 1 | □ | □ | □ | 5 | □ | □ | 8 |

| 10 | □ | □ | □ | 6 | □ | 4 |

| 3 | 5 | □ | 9 | □ | □ | 13 | □ |

| 10 | □ | □ | □ | 25 | □ |

| □ | 16 | □ | □ | 18 | □ |

| 1 | □ | 5 | □ | 9 | □ | 13 |

| 7 | □ | □ | 13 | □ | 17 |

| 13 | □ | □ | 17 | □ | 21 |

| □ | 4 | □ | 8 | □ | 12 | □ |

| □ | 6 | □ | 10 | □ | □ |

| □ | 8 | □ | 12 | □ | 16 |

| 5 | □ | 15 | □ | 25 |

★おわったら やって みよう
すうじを よみましょう。

101 ながさくらべ①

14 ずけい① ながさくらべ

☆ながい ほうに いろを ぬりましょう。

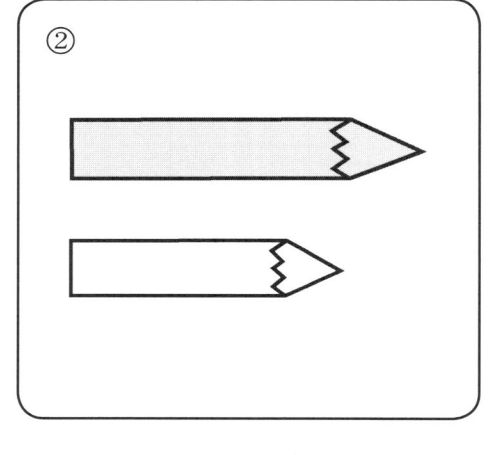

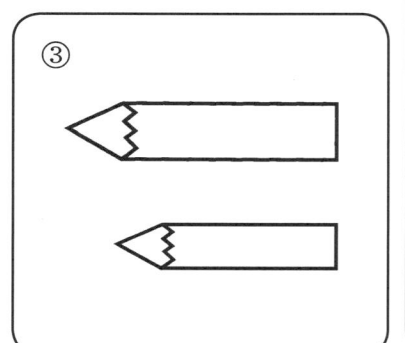

① ② ③ ④

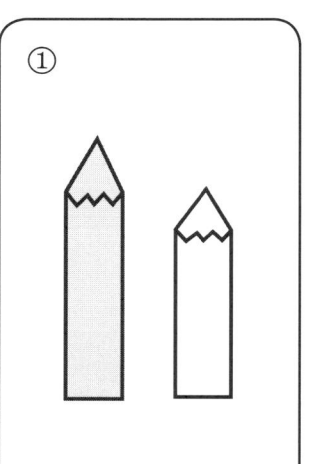

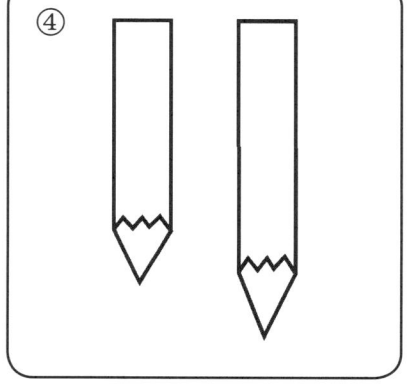

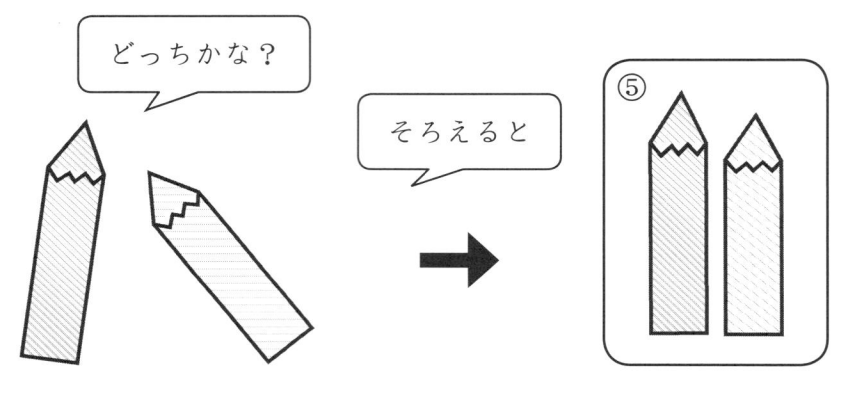

どっちかな？
そろえると

くらべるときは，そろえる

☆そろえました。ながい ほうに いろを ぬりましょう。

⑤ ⑥ ⑦

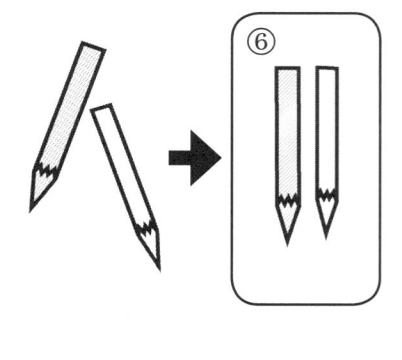

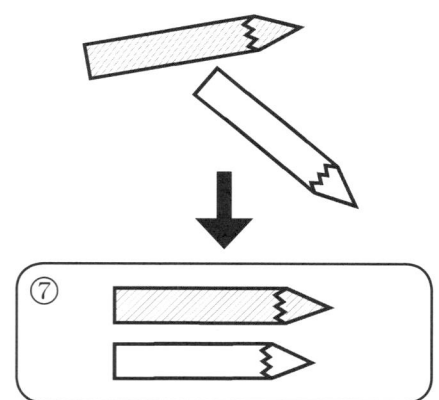

―★おわったら やって みよう―
みじかい ほうに ちがう いろを ぬりましょう。

102　14 ずけい① ながさくらべ
ながさくらべ②

☆ながい ほうに いろを ぬりましょう。

① ② ③ ④

どっちかな？

まっすぐ のばすと

⑤ あ　い

あ　い

くらべるときは、まっすぐ のばす

☆まっすぐ のばしました。ながい ほうに いろを ぬりましょう。

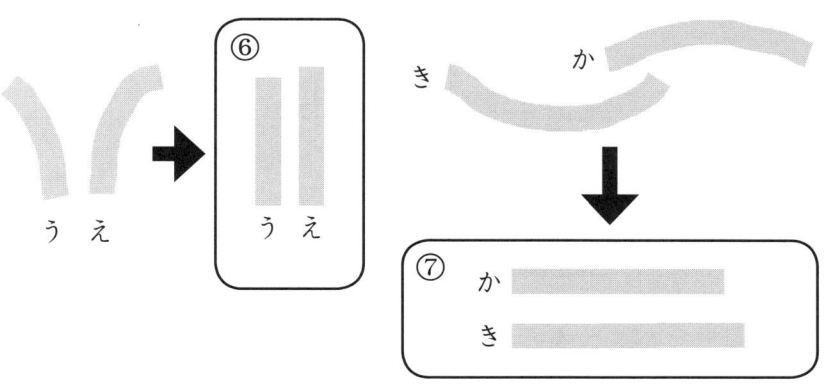

⑥ う　え

う　え

き　か

⑦ か
　 き

★おわったら やって みよう
みじかい ほうに ちがう いろを ぬりましょう。

103　14　ずけい①　ながさくらべ
ながさくらべ③

☆○に いろを ぬりましょう。なぞりましょう。

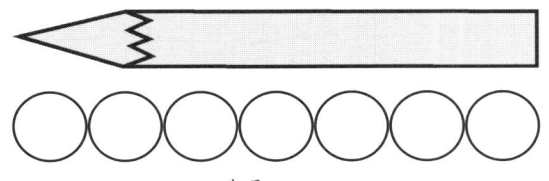

えんぴつは ○ 7 つぶん

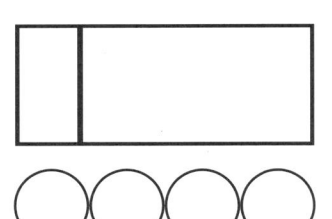

けしごむは ○ 4 つぶん

じょうぎは ○ □ つぶん

くれよんは ○ つぶん

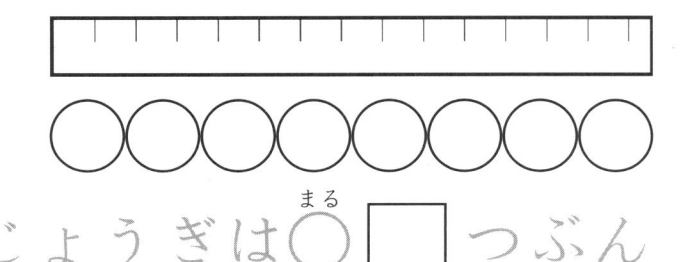

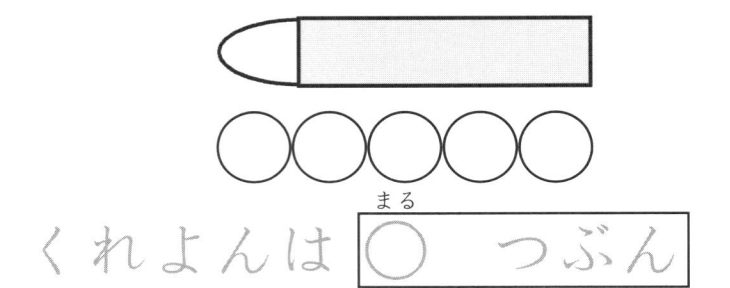

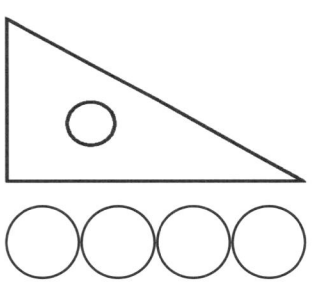

さんかくじょうぎの よこは，○ つぶん

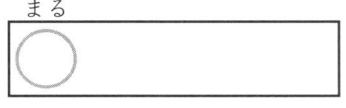

○が いくつぶんか かぞえる

★おわったら やって みよう
えに いろを ぬりましょう。

104 14 ずけい① ながさくらべ
ながさくらべ④

☆なぞりましょう。

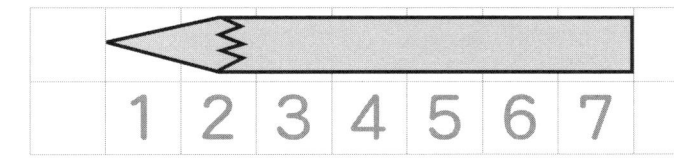

えんぴつは 7 ますぶん

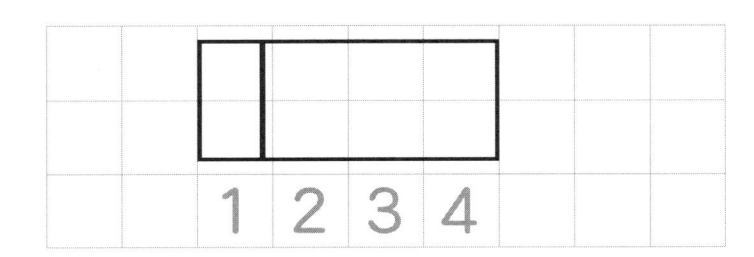

けしごむは 4 ますぶん

じょうぎは □ ますぶん

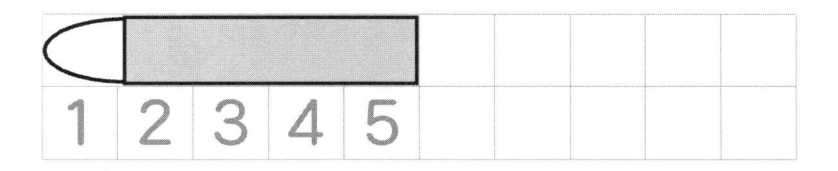

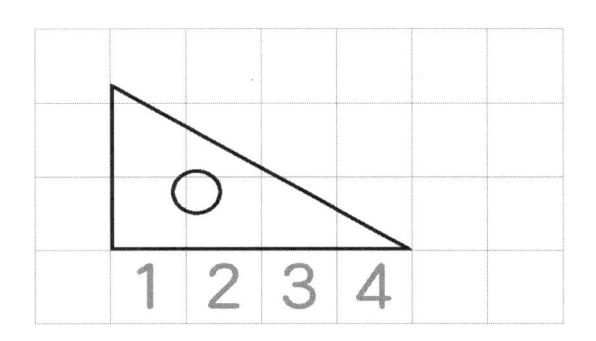

くれよんは □ ますぶん

さんかくじょうぎのよこは，□

★おわったら やって みよう
いろを ぬりましょう。

105 いろいろな かたち①

15 ずけい② いろいろな かたち

1 はこの かたちを ○で かこみましょう。

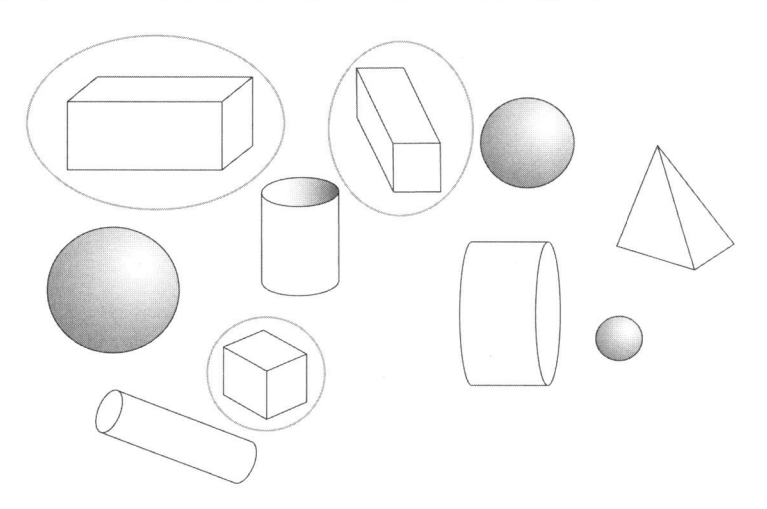

2 ボールの かたちを ○で かこみましょう。

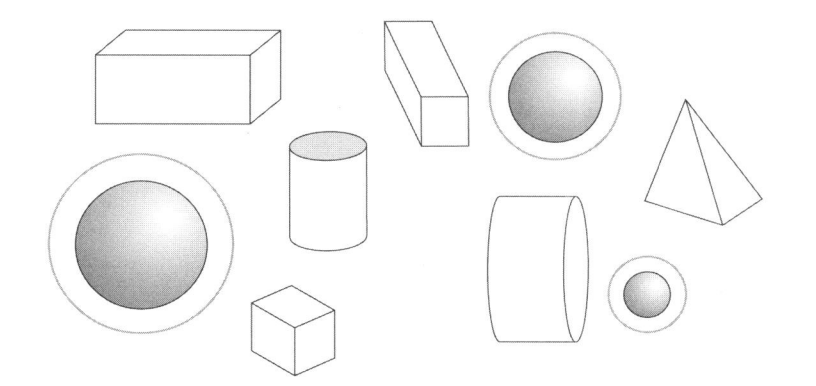

3 つつの かたちを ○で かこみましょう。

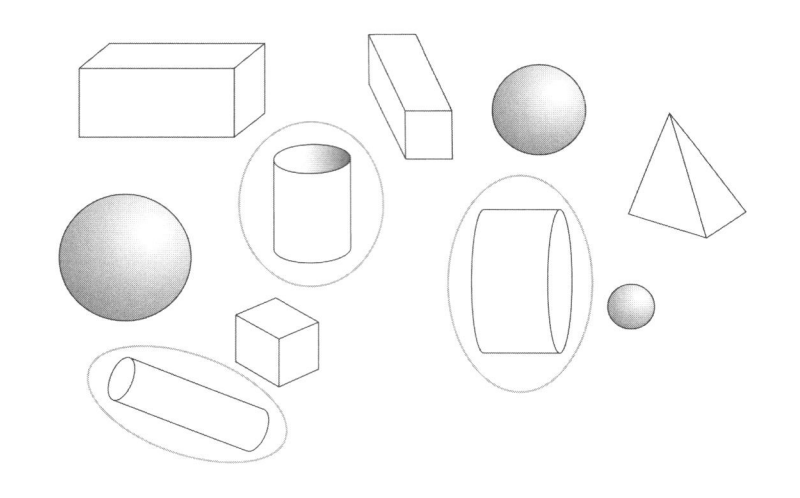

4 なんの かたちですか。□に かきましょう。

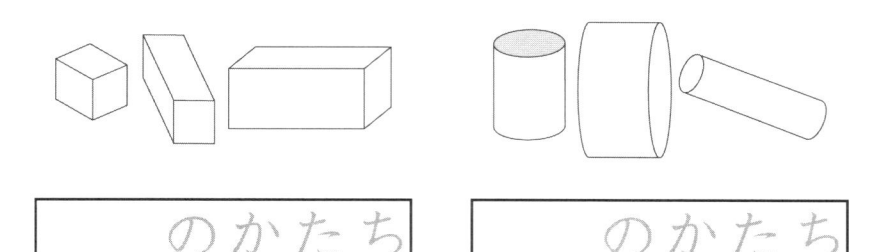

のかたち　　　のかたち

★おわったら やって みよう
えに いろを ぬりましょう。

106 いろいろな かたち②

15 ずけい② いろいろな かたち

べんきょうした 日　月　日
なまえ　　くみ　ばん

① はこの かたちを ○で かこみましょう。

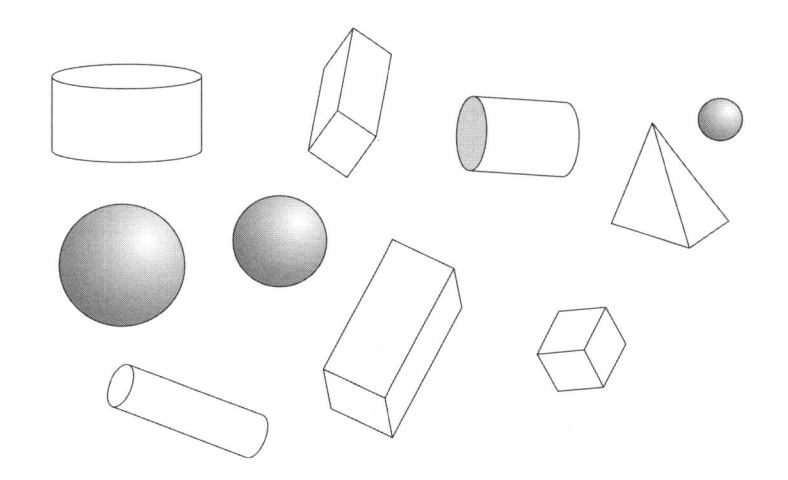

② ボールの かたちを ○で かこみましょう。

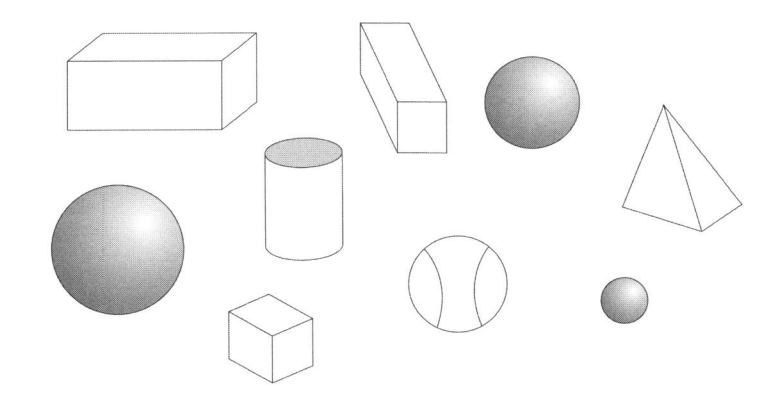

③ つつの かたちを ○で かこみましょう。

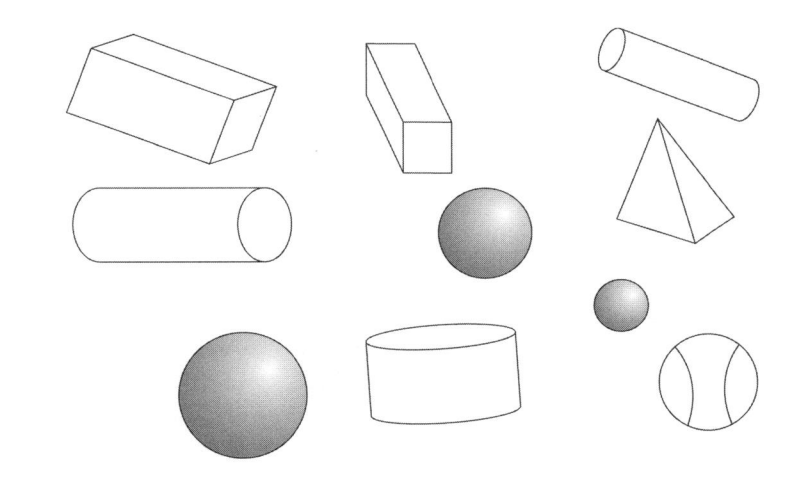

④ なんの かたちですか。□に かきましょう。

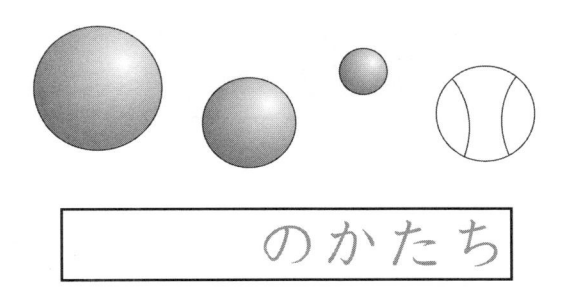

のかたち

―★おわったら やって みよう―
えに いろを ぬりましょう。

107 いろいろな かたち③

15 ずけい② いろいろな かたち

① かたちを なぞりましょう。

上からみると

まえからみると

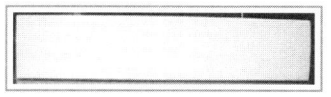

★おわったら やってみよう
みの まわりから おなじ かたちを さがして みましょう。

② かたちを なぞりましょう。

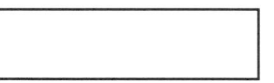

上からみると

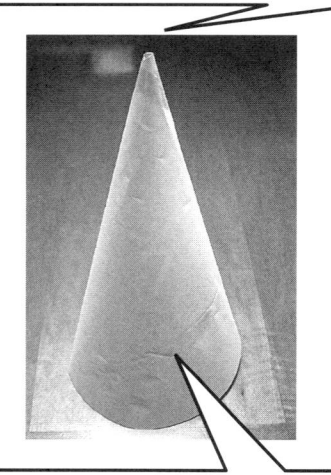

まえからみると

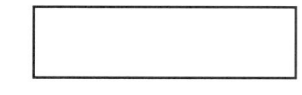

108 なんばんめ①

16 ぶんしょうだい① なんばんめ

1 なぞりましょう。

2 なぞりましょう。

🐰 は まえから [2] ばんめです。

🐵 は まえから [3] ばんめです。

🐻 は まえから 4 ばんめです。

🐘 は まえから 5 ばんめです。

3 なぞりましょう。

1ばんめ 2ばんめ 3ばんめ 4ばんめ 5ばんめ

こんどは うしろから

4 なぞりましょう。

🐻 は うしろから [2] ばんめです。

🐵 は うしろから [3] ばんめです。

🐰 は うしろから 4 ばんめです。

🐭 は うしろから 5 ばんめです。

109 なんばんめ②

16 ぶんしょうだい① なんばんめ

1 まえから なんにん たっていますか。

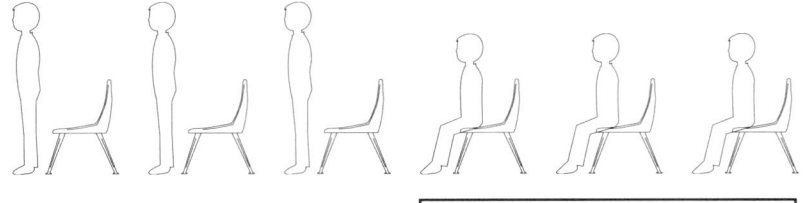

3にんです。

2 まえから なんにん たっていますか。

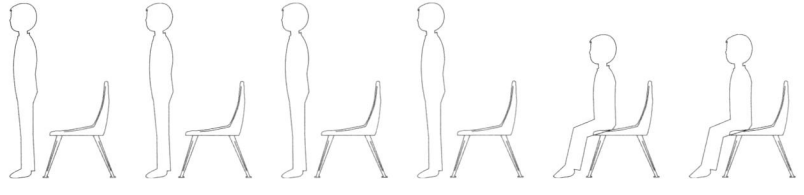

4にんです。

○を つけましょう。

① まえから 3にん

○を つけましょう。

② まえから 2だい

③ まえから 3びき

こんどは うしろから

④ うしろから 4にん

110 16 ぶんしょうだい① なんばんめ
なんばんめ③

1 まえから 4にんを ○で かこみなさい。

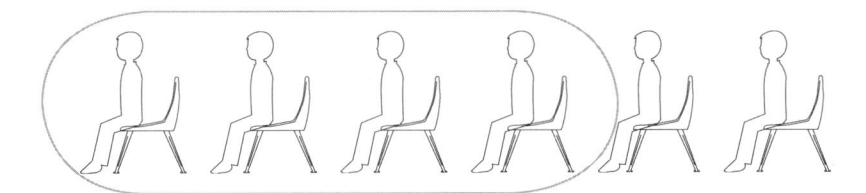

2 まえから 4にんめを ○で かこみなさい。

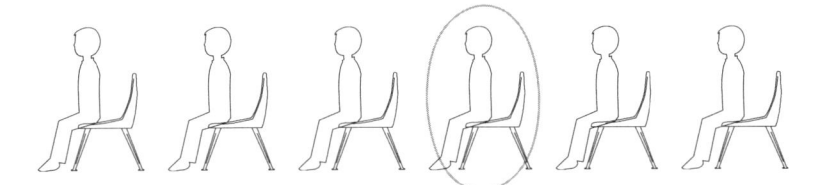

3 うしろから 4にんを ○で かこみなさい。

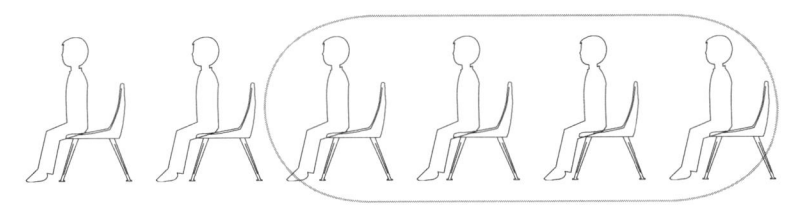

4 うしろから 4にんめを ○で かこみなさい。

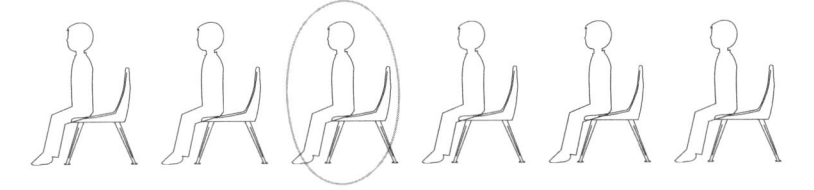

5 ○で かこみなさい。
① まえから 3にん
② まえから 2だい 
③ まえから 3びきめ 
④ うしろから 4にんめ

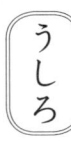

―★おわったら やって みよう―
えに いろを ぬりましょう。

111 なんばんめ④

16 ぶんしょうだい① なんばんめ

① ひろこさんの まえに 3にん います。
ひろこさんを ○で かこみなさい。

② ひろこさんの うしろに なんにん いますか。

3にん います。

③ まえから 2ひきを ○で かこみなさい。

④ うしろに あと なんびき いますか。

4ひき います。

⑤ まえから 2だいめを ○で かこみなさい。

まえ

⑥ その うしろの バスは なんだいですか。

だい

⑦ うしろから 4ひきめは なんですか。

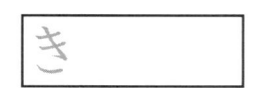

き

⑧ きりんの まえに なんびき いますか。

びき

★おわったら やって みよう
えに いろを ぬりましょう。

112　17 ぶんしょうだい② たすのかな ひくのかな

たすのかな　ひくのかな①

1　みかんが　5こ　あります。
　あとから　3こ　もらいました。
　ぜんぶで　なんこに　なるでしょうか。

しき　　5＋3＝8

こたえ　　8こ

2　みかんが　5こ　あります。
　3こ　あげました。
　のこりは　なんこに　なるでしょうか。

しき　　5－3＝2

こたえ　　2こ

3　えんぴつが　7ほん　あります。
　あとから　2ほん　もらいました。
　ぜんぶで　なんぼんに　なるでしょうか。

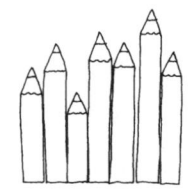

しき

こたえ　　ほん

4　えんぴつが　7ほん　あります。
　2ほん　あげました。
　のこりは　なんぼんに　なるでしょうか。

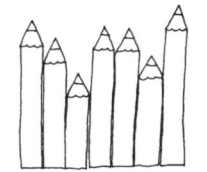

しき

こたえ　　ほん

★おわったら　やって　みよう
えに　いろを　ぬりましょう。

113　たすのかな　ひくのかな②

17 ぶんしょうだい②　たすのかな　ひくのかな

① ほんが　8さつ　あります。
　あとから　3さつ　もらいました。
　あわせて　なんさつに　なるでしょうか。

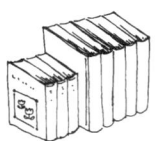

しき　8＋3＝11

こたえ　　　さつ

② ほんが　8さつ　あります。
　3さつ　あげました。
　のこりは　なんさつに　なるでしょうか。

しき　8－3＝5

こたえ　　　さつ

③ ボールが　7こ　あります。
　あとから　6こ　もらいました。
　あわせて　なんこに　なるでしょうか。

しき

こたえ　　　こ

④ ボールが　7こ　あります。
　6こ　あげました。
　のこりは　なんこに　なるでしょうか。

しき

こたえ　　　こ

★おわったら　やって　みよう
えに　いろを　ぬりましょう。

114　17 ぶんしょうだい②　たすのかな　ひくのかな
たすのかな　ひくのかな③

1　ほんが　7さつ　あります。
　　あとから　3さつ　もらいました。
　　あわせて　なんさつに　なるでしょうか。

　しき　　7＋3＝10

　　　　こたえ　　　　さつ

2　ほんが　7さつ　あります。
　　3さつ　あげました。
　　のこりは　なんさつに　なるでしょうか。

　しき　　7－3＝4

　　　　こたえ　　　　さつ

3　ボールが　9こ　あります。
　　6こ　あげました。
　　のこりは　なんこに　なるでしょうか。

　しき

　　　　こたえ　　　　こ

4　ボールが　9こ　あります。
　　あとから　6こ　もらいました。
　　あわせて　なんこに　なるでしょうか。

　しき

　　　　こたえ　　　　こ

★おわったら　やって　みよう
えに　いろを　ぬりましょう。

115　たすのかな　ひくのかな④

17 ぶんしょうだい②　たすのかな　ひくのかな

① いちごが　9こ　あります。
　　5こ　たべました。
　　なんこ　のこって　いるでしょうか。

　　しき　　9－5＝

　　　こたえ　　　　こ

② いちごが　9こ　あります。
　　5こ　もらいました。
　　みんなで　なんこに　なるでしょうか。

　　しき　　9＋5＝

　　　こたえ　　　　こ

③ バスに　こどもが　8にん　のって
　　います。3にん　おりました。
　　なんにん　のこって　いるでしょうか。

　　しき

　　　こたえ　　　　にん

④ バスに　こどもが　8にん　のって
　　います。3にん　のりました。
　　みんなで　なんにんに　なるでしょうか。

　　しき

　　　こたえ　　　　にん

★おわったら　やって　みよう
えに　いろを　ぬりましょう。

116

17 ぶんしょうだい②　たすのかな　ひくのかな

たすのかな　ひくのかな⑤

① ねずみが　10ぴき　います。
　3びき　にげました。
　なんびき　のこって　いるでしょうか。

しき　　10－3＝

　　　　　　こたえ　　　　ひき

② ねずみが　10ぴき　います。
　3びき　きました。
　みんなで，なんびきに　なるでしょうか。

しき　　10＋3＝

　　　　　　こたえ　　　　ひき

③ おさらが　10まい　あります。
　4まい　われました。
　なんまい　のこって　いるでしょうか。

しき

　　　　　　こたえ　　　　まい

④ おさらが　10まい　あります。
　4まい　もってきました。
　みんなで，なんまいに　なるでしょうか。

しき

　　　　　　こたえ　　　　まい

★おわったら　やって　みよう
えに　いろを　ぬりましょう。

117　17 ぶんしょうだい②　たすのかな　ひくのかな
たすのかな　ひくのかな⑥

① ねずみが　11ぴき　います。
　3びき　にげました。
　なんびき　のこって　いるでしょうか。

　しき　　11－3＝

　　　　こたえ　　　ひき

② ねずみが　11ぴき　います。
　3びき　きました。
　みんなで,なんびきに　なるでしょうか。

　しき　　11＋3＝

　　　　こたえ　　　ひき

③ おさらが　11まい　あります。
　5まい　もってきました。
　みんなで,なんまいに　なるでしょうか。

　しき

　　　　こたえ　　　まい

④ おさらが　11まい　あります。
　5まい　われました。
　なんまい　のこって　いるでしょうか。

　しき

　　　　こたえ　　　まい

★おわったら　やって　みよう
えに　いろを　ぬりましょう。

【監修者紹介】
横山　浩之（よこやま　ひろゆき）
東北大学医学部附属病院小児科
医学博士
専門は小児神経学

【編者紹介】
大森　修（おおもり　おさむ）
新潟市立中野山小学校長

【編集代表】
松野　孝雄（まつの　たかお）
新潟県栃尾市立東谷小学校

医学と教育との連携で生まれた
グレーゾーンの子どもに対応した算数ワーク・初級編1

2006年2月初版刊	©監修者	横　山　浩　之
2020年1月24版刊	編　者	大　森　　　修
	発行者	藤　原　久　雄
	発行所	明治図書出版株式会社

http://www.meijitosho.co.jp
（企画）樋口雅子　（校正）東図企画
〒114-0023　東京都北区滝野川7-46-1
振替00160-5-151318　電話03(5907)6701
ご注文窓口　電話03(5907)6668

＊検印省略　　印刷所　中　央　美　版

Printed in Japan　　ISBN978-4-18-571111-1

医学と教育との連携で生まれた グレーゾーンの子どもに対応した 作文ワーク

[6857 B5横判・2793円（税込）] 横山浩之 監修　大森 修 編
グレーゾーンの子どもに対応した 作文ワーク 初級

[6858 B5横判・2163円（税込）] 横山浩之 監修　大森 修 編
グレーゾーンの子どもに対応した 作文ワーク 中級

[6859 B5横判・2163円（税込）] 横山浩之 監修　大森 修 編
グレーゾーンの子どもに対応した 作文ワーク 上級1

[6860 B5横判・1533円（税込）] 横山浩之 監修　大森 修 編
グレーゾーンの子どもに対応した 作文ワーク 上級2

どの学級にもいるといわれるADHD・LDの子、いわゆるグレーゾーンの子どもに、基礎学力を保障するため、「書く」指導をどう見直すか。医療側との連携による新しい作文ワークを1年間かけて提案した。直ぐに使えて効果抜群は実践した教師の実証済み。

http://www.meijitosho.co.jp　FAX 03-3947-2926
ご注文はインターネットかFAXが便利です。（インターネットによるご注文は送料無料となります。）
明治図書　ご注文窓口　TEL 03-3946-5092
〒170-0005　東京都豊島区南大塚2-39-5

併記4桁の図書番号（英数字）でホームページでの検索が簡単に行えます。